W0089102

MARGIT PROEBST

In 30 Tagen

kochen können

Alltags-Kochkurs für Genießer

Sagen Sie all Ihren Notlösungen beim Essen Adieu – und lernen Sie ab heute einfach gut zu kochen!

Dabei gilt: Learning by Doing. Auch wer bisher von Brutzeln und Schnipseln keine Ahnung hatte, wird von Anfang an mit viel Genuss schön satt. Gleich am ersten Tag starten wir mit Pasta in Lachs-Tomaten-Sahne und einem bunt gemischten Salat, und schon bald können Sie Ihre Freunde mit tollen Menüs verwöhnen. Bis dahin wartet jeden Tag eine kleine Lektion in Sachen Küchenpraxis und Warenkunde, einfach und leicht verständlich im Rezept beschrieben. So gibt's täglich was Leckeres zu essen, Neues zu üben, Bekanntes zu wiederholen, und Ihre Küchen-Fähigkeiten werden mit jedem Tag ein bisschen besser.

Vor allem gilt: Kein Stress! Natürlich muss niemand das 30-Tage-Programm am Stück absolvieren. Und wenn Sie ein Rezept mal gar nicht interessiert, lassen Sie den Tag einfach aus. Wichtige Küchentechniken werden sowieso öfter wiederholt und jeweils ganz genau erklärt. In der hinteren Klappe sehen Sie im Foto-Spickzettel auf einen Blick die wichtigsten Handgriffe, die immer wieder auftauchen, z. B. Zwiebel hacken und Eier trennen.

Der beste Startpunkt fürs Feinschmecker-Programm ist ein Samstag – da ist am meisten Zeit für einen Ausflug in den Supermarkt mit anschließendem Kochvergnügen. Dann geht's köstlich weiter: Unter der Woche gibt es schnelle, alltagstaugliche Gerichte für zwei, und am Wochenende darf's ein bisschen aufwendiger sein und reicht dann auch gleich für vier am Tisch. Bei den Saisonmenüs im 2. und 3. Kapitel stehen jeweils vier Alternativen zur Auswahl, von Frühling bis Winter: Einfach auswählen, kochen, schlemmen!
Aber bevor es richtig los geht: Keine Angst vor Fehlern. Denn auch wenn nicht gleich alles perfekt wird, besser als die ewigen Notlösungen schmeckt es ganz sicher ...

Jetzt aber genug der Worte – Rezept lesen, ab in den Supermarkt und dann ran an den Herd!

Inhalt

Kochgeschirr und Küchenhelfer

Damit kommen Sie gut über die Runden

**Großer Topf
mit Deckel* (ca. 5 l)**

**Mittlerer Topf
mit Deckel (ca. 3 l)**

Kleiner Stieltopf (1-2 l)

**Mindestens 2 Pfannen,
eine mit Deckel**

**Stabiles Sieb
(für Nudeln und Salat)**

Feines Sieb (Haarsieb)

**Salatschüssel
und Salatbesteck**

**Feuerfeste Form
oder Förmchen**

Messbecher

Handrührgerät

Pürierstab

Hoher Rührbecher

* Für Schmorgerichte: Ein extra Bräter oder schwerer Schmortopf wäre optimal, im normalen Topf mit stabilem Boden kann aber auch gut geschmort werden.

Brotmesser,
scharfes kleines Küchenmesser
und großes Kochmesser

Sparschäler
Dosenöffner

Schneidebretter
(groß und klein)

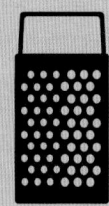

Universalreibe

Kochlöffel
Pfannenwender

Schneebesen

Kochzange

Teigspatel

Schöpfkelle

Zitronenpresse

Topflappen

Pfeffermühle

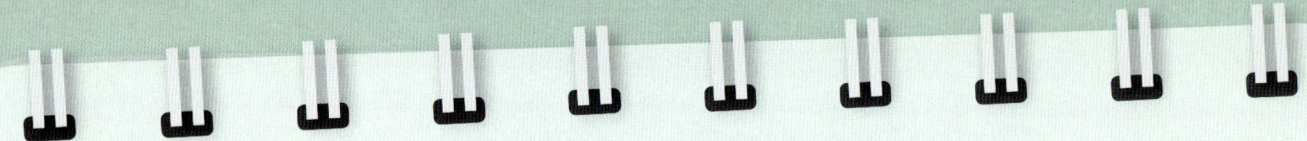

Praktische Vorräte im Küchenschrank

Wenn alles Haltbare schon da ist, erleichtert das die späteren Einkäufe

- Nudeln (kurze und lange)
- Reis (Langkornreis im Kochbeutel, Basmatireis, Risottoreis, Milchreis)
- Linsen (schnelle rote oder klassische braune)
- Couscous (Instant-Version)

- Tomaten in der Dose (ganz oder stückig)
- Gemüsekonserven (weiße Bohnen, Kidneybohnen, Kichererbsen)
- Getrocknete Tomaten, Oliven im Glas
- Tomatenmark
- Mittelscharfer Senf
- Honig / Ahornsirup
- Essig (z.B. Aceto balsamico und Weißweinessig)
- Öl (Olivenöl, neutrales Pflanzenöl)
- Sojasauce
- Gemüsebrühe / Fleischbrühe (Instant)
- Gewürze (Salz, Pfefferkörner für die Mühle, edelsüßes Paprikapulver, Cayennepfeffer, Oregano, Thymian, Majoran, Zimtpulver, Lorbeerblätter, Kümmel, Muskatnuss mit Reibe, Currypulver, gemahlener Kreuzkümmel)

- Mehl
- Zucker / Puderzucker
- Semmelbrösel
- Speisestärke
- Gelatine

- Zwiebeln
- Knoblauch

① In der Kühlschranktür

Eier: oben, wo es nicht zu kalt ist

Butter: in einer Butterdose, vor Aromen geschützt

Milch: geöffnete Flaschen oder Packungen, die bald verbraucht werden

② Unten im Gemüserach

Gemüse, Salate, Kräuter: Reste am besten in Beutel oder Folie verpackt

③ Fach überm Gemüserach

Fisch, Geflügel, Fleisch: in Folie oder Boxen verpackt direkt überm Gemüsefach, wo es am kältesten ist

④ Mittleres Fach

Käse, Joghurt, Sahne und andere Milchprodukte: Käse einzeln verpackt oder in einer Box

⑤ Oberes Fach

Gläser oder Tuben mit Oliven, Senf, Pesto, Tomatenmark: nach dem Öffnen kühl aufbewahren, hier oben oder in der Kühlschranktür

⑥ Nicht im Kühlschrank

Tomaten: verlieren im Kühlschrank an Aroma, bei Zimmertemperatur lagern

Zwiebeln, Kartoffeln: dunkel, trocken

Ist das noch gut ...?

Viele Lebensmittel kann man auch nach Ablauf des Mindesthaltbarkeitsdatums (MHD) noch essen. Denn das zeigt nur an, wie lange der Hersteller für bestimmte sensorische und geschmackliche Qualitäten garantiert. Also: Einfach z. B. den Joghurtdeckel abziehen und in den Becher schauen und schnuppern. Sieht der Inhalt gut aus und riecht normal: Ruhig essen!

Kleine Mengenlehre

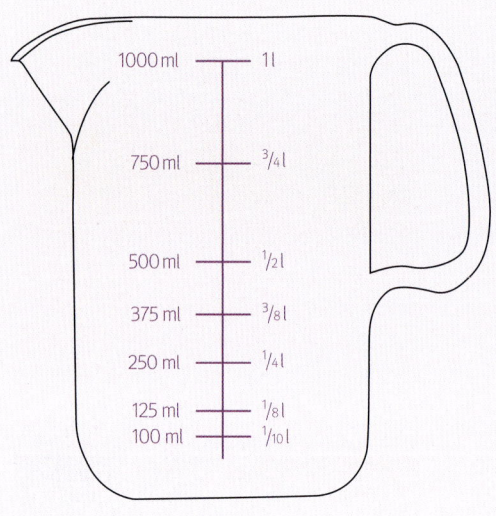

Abkürzungen

EL = Esslöffel
TL = Teelöffel
g = Gramm
kg = Kilogramm
l = Liter
ml = Milliliter

1 Msp. = 1 Messerspitze ist die Menge, die auf die Spitze eines Messers passt

1 Prise = Menge, die zwischen Daumen und Zeigefinger passt und gehalten werden kann

Schnell abgemessen

Wenn es schnell gehen soll, und Sie gerade keine Waage oder keinen Messbecher zur Hand haben, sind Ess- und Teelöffel praktische Hilfsmittel beim Abmessen kleinerer Mengen. Bei Flüssigkeiten füllen Sie dazu den entsprechenden Löffel bis zum Rand, bei trockenen Zutaten füllen Sie den Löffel und streichen den Inhalt glatt.

Löffelmaße in Gramm – ausgehend von einem gestrichenen EL bzw. TL (Dabei handelt es sich um grobe Richtwerte!)

	15 ml	5 ml
Flüssigkeiten wie Wasser, Brühe, Wein, Milch, Sahne, Essig	15 ml	5 ml
Öl	12 g	5 g
Butter	15 g	8 g
Zucker	15 g	5 g
Mehl	10 g	3 g

Wie viel Saft steckt eigentlich in einer Zitrone?

Eine Zitrone ergibt 40–50 ml, das entspricht ca. 3 Esslöffeln. Je nach Größe und Dicke der Schale kann der Saftgehalt jedoch stark variieren; dabei sind kleine Zitronen mit einer dünnen Schale meist ergiebiger als die großen, dicken Früchte.
Um auf Nummer sicher zu gehen, kaufen Sie lieber gleich ein ganzes Netz mit 3 bis 4 Zitronen (am besten in Bio-Qualität). Die sauren Früchtchen halten sich kühl und dunkel gelagert mehrere Wochen und verfeinern mit ihrem spritzig frischen Aroma viele Gerichte.

Mit allen Sinnen kochen lernen

Gut geplant – voll entspannt

Gestresst und planlos durch den Supermarkt hetzen war gestern! Denn mit dem Kochen lernen Sie hier auch gleich entspanntes Einkaufen. Schritt eins: der kleine Plan. Machen Sie sich einen Einkaufszettel mit allem, was Sie einkaufen wollen, und ordnen Sie ihn am besten nach Supermarkt-Abteilungen. So denken Sie an alles und können dank der Liste gemütlich eins nach dem anderen in den Einkaufswagen packen. Schritt zwei: der große Plan. Wer sich für ein paar Tage im Voraus überlegt, was er essen möchte, muss nicht jeden Tag erneut loslaufen. Das spart Zeit und Nerven. Gemüse bleibt bei richtiger Lagerung ein paar Tage lang frisch, und auch Fleisch können Sie zwei Tage vorher kaufen.

Richtig ausgewählt ist halb gekocht

Im Supermarkt gilt dann: Augen, Nase und Ohren auf! Als Kochanfänger steht man vielleicht noch etwas ratlos vor dem Gemüseregal. Im Grunde ist es aber ganz einfach: Gute Ware sieht einladend aus, fühlt sich schön an und riecht aromatisch. Verlassen Sie sich einfach auf Ihr Gefühl. Wenn eine Ananas herrlich duftet, dann schmeckt sie auch so. Je leuchtender das Rot einer

Tomate, desto mehr Sonne hat sie gesehen. Ein frischer Fisch glänzt wie gerade aus dem Meer gezogen. Und bei Fragen nach dem am besten geeigneten Stück Fleisch hilft das Team an der Frischetheke bestimmt weiter.

Riech mal, was da kocht!

Sind alle Zutaten besorgt, heißt es: Hinein ins Kochvergnügen! Und dazu gehört viel mehr als Rezepte lesen und befolgen. Beobachten Sie, wie sich die Lebensmittel beim Garprozess verändern. Probieren Sie Ihre Zutaten pur und das Gericht vor und nach dem Würzen – und vielleicht sogar zwischendrin. Erfahrung ist der beste Koch – und regt obendrein Ihre Kreativität an. Kochanfänger halten sich am besten noch genau ans Rezept, aber nach einer Weile können Sie ruhig ein wenig mit Mengen, Zutaten und Gewürzen spielen. Passt eine Prise Zimt hier, ein Spritzer Zitronensaft da? Seien Sie mutig! Bald schütteln Sie bestimmt auch selbst die tollsten Gerichte aus dem Ärmel.

Checkliste vorm Start

☐ Nehmen Sie sich Zeit und bleiben Sie gelassen – es muss nicht alles auf Anhieb perfekt sein

☐ Lesen Sie das Rezept zunächst einmal von vorne bis hinten durch

☐ Studieren Sie die Zutatenliste: Welche Zutaten haben Sie schon?

☐ Schreiben Sie einen übersichtlichen Einkaufszettel – für alles, was fehlt

☐ Auf geht's in den nächsten Supermarkt, zum Bioladen um die Ecke oder auf den Wochenmarkt, ganz nach Lust und Laune

☐ Vorm Kochen das Rezept noch mal in Ruhe durchlesen – ist etwas unklar, hilft Ihnen der »Spickzettel« in der hinteren Klappe

☐ Suchen Sie nun die benötigten Kochutensilien zusammen

☐ Alle Zutaten fürs Rezept abmessen, abwiegen und in Reichweite stellen

☐ Noch einmal tief durchatmen ... und dann rein ins Kochvergnügen!

☐ Gut fürs entspannte Essen danach: Während kleiner Wartezeiten Pfannen und Töpfe einweichen oder spülen – und den Tisch decken!

Tag 1 - 10

EINFACH LOSLEGEN

→

Pasta mit Lachs-Tomaten-Sahne

15 Min. Zubereitung
Pro Portion ca. 670 kcal, 28 g EW, 27 g F, 78 g KH

Für 2 Personen

100 g Räucherlachs (in Scheiben)	100 g Sahne
6–8 Kirschtomaten	1 Knoblauchzehe
Salz	Cayennepfeffer
200 g Tagliatelle (schmale Bandnudeln)	

1 In einem großen Topf 2 l Wasser zugedeckt aufkochen. Inzwischen die Lachsscheiben aufeinanderlegen, längs halbieren und in feine Streifen schneiden. Die Kirschtomaten waschen und vierteln. Wer möchte, schneidet die Stielansätze heraus. Sobald das Wasser kocht, 2 gehäufte TL Salz hinzufügen und die Nudeln hineingeben. Einmal umrühren und dann im offenen Topf nach Packungsangabe 5–7 Min. kochen lassen.

2 Während die Nudeln kochen, die Sahne in eine große Pfanne (da müssen später auch die Nudeln Platz haben!) gießen und erwärmen. Die Knoblauchzehe schälen, längs halbieren und dazugeben. Je 1 Prise Salz und Cayennepfeffer hinzufügen und einmal aufkochen lassen. Die Kirschtomaten und die Lachsstreifen unterrühren. Die Temperatur auf die kleinste Stufe zurückstellen und die Sauce bei kleiner Hitze offen köcheln lassen, bis die Nudeln fertig sind. Die Knoblauchhälften herausfischen und wegwerfen (sie sollen der Sauce nur ein dezentes Aroma verleihen).

3 Die Nudeln probieren und, wenn sie fertig sind, in ein Sieb abgießen. Kurz (weniger als 1 Min.!) abtropfen lassen, zur Sauce geben und alles richtig gut vermischen. 1 Min. zugedeckt durchziehen lassen, dann auf zwei Teller verteilen und servieren.

NUDELN KOCHEN – SO GEHT´S GANZ EINFACH

→ Pro 100 g Nudeln 1 l Wasser in einen großen Topf geben und zum Kochen bringen. Deckel drauf, dann geht's schneller und spart Energie!

→ Sobald das Wasser kocht, pro Liter Wasser 1 gehäuften TL Salz dazugeben. Ja, erst jetzt! Salzwasser hat einen höheren Siedepunkt, es bräuchte also länger zum Aufkochen.

→ Die Nudeln auf einmal ins sprudelnde Wasser geben, einmal umrühren und auf die Uhr schauen. Auf der Nudelpackung steht die Kochzeit: Die Nudeln offen bis 1 Min. vor dem Ende der angegebenen Garzeit kochen, dann eine Nudel herausfischen und probieren. Die Nudel soll »al dente« sein, also noch etwas Biss haben, darf aber natürlich nicht hart sein. Braucht noch ein wenig? Dann noch 1 Min. garen und wieder probieren.

→ Die Nudeln sind fertig? Sofort in ein Sieb abgießen, ganz kurz abtropfen lassen und zur Sauce in die Pfanne geben. Gut untermischen, kurz durchziehen lassen und servieren.

→ Übrigens: Es ist nicht nötig, Öl ins Kochwasser zu geben. Im großen Topf mit reichlich Wasser kleben die Nudeln nicht zusammen und nehmen ohne Öl die Sauce dann besser auf.

Frische Abrundung für die sahnige Lachs-Pasta – schmeckt aber auch solo und zwischendurch

Bunter Salat mit Vinaigrette

15 Min. Zubereitung
Pro Portion ca. 240 kcal, 3 g EW, 21 g F, 9 g KH

Für 2 Personen

Für den Salat
½ Kopf Blattsalat (z. B. Kopfsalat,
    Batavia, Novita)
½ Salatgurke

3 Tomaten
1 gelbe Paprikaschote
Für die Vinaigrette
2 EL Weißweinessig

Salz, Zucker
frisch gemahlener Pfeffer
½ TL mittelscharfer Senf
4 EL Olivenöl extra vergine

1 Vom Salatkopf die äußeren welken Blätter entfernen. Die Hälfte der schönen Blätter (auch welche aus dem zarten Inneren) ablösen. Die Blätter unter fließendem kaltem Wasser waschen, in mundgerechte Stücke zupfen und in einem Sieb abtropfen lassen **(1)**. Rest vom Salatkopf im Gemüsefach vom Kühlschrank aufheben.

2 Die halbe Salatgurke entweder gründlich waschen oder mit dem Sparschäler schälen. Längs halbieren und die Kerne mit einem Teelöffel herauskratzen (sie würden das Dressing verwässern). Die Hälften in ca. 3 mm dicke Halbmonde schneiden. Die Tomaten waschen, halbieren, die Stielansätze herausschneiden und die Hälften dritteln **(2)**. Die Paprikaschote halbieren, Stiel, weiße Trennwände und Kerne entfernen. Die Hälften waschen und in feine Streifen schneiden.

3 Für die Vinaigrette den Essig in eine Salatschüssel geben, ¼ TL Salz, 1 Prise Zucker und etwas Pfeffer aus der Mühle dazugeben. Mit dem Schneebesen rühren, bis sich Salz und Zucker aufgelöst haben. Den Senf und nach und nach das Öl dazugeben und kräftig mit dem Schneebesen unterschlagen, bis eine cremige Emulsion entsteht **(3)**.

4 Erst kurz vor dem Servieren (!) alle Salatzutaten in die Schüssel geben und mit dem Salatbesteck gut durchmischen. Blattsalate machen durch den Essig schnell schlapp und werden unansehnlich.

GUT ZU WISSEN

Die Vinaigrette können Sie gleich in größerer Menge für mehrere Tage im Voraus zubereiten und im Kühlschrank aufbewahren: Essig, Salz, Zucker, Pfeffer, Senf und Öl in ein sauberes Schraubglas füllen, verschließen und kräftig durchschütteln. Nach einiger Zeit trennen sich Essig und Öl, das ist aber kein Problem! Einfach das Schraubglas vor der Verwendung wieder gut schütteln und pro Portion ca. 3 EL Vinaigrette entnehmen.

1

2

3

Schnitzel in Weißweinsauce

15 Min. Zubereitung
Pro Portion ca. 325 kcal, 29 g EW, 19 g F, 3 g KH

Für 2 Personen

1 Schalotte	100 ml Weißwein oder Gemüsebrühe (Instant)
2 Schnitzel (Kalb- oder Putenfleisch, je ca. 140 g)	2 EL neutrales Öl
Salz, frisch gemahlener Pfeffer	2 EL Crème fraîche

1 Die Schalotte schälen und sehr fein würfeln (siehe Spickzettel). Die Schnitzel kalt abwaschen und mit Küchenpapier trocken tupfen. Auf beiden Seiten mit je 1 Prise Salz und Pfeffer aus der Mühle würzen. Den Weißwein bereitstellen oder ¼ TL gekörnte Gemüsebrühe in 100 ml heißem Wasser auflösen.

2 Eine Pfanne ca. 1 Min. auf mittlerer Stufe erhitzen. Das Öl hineingeben und ½ Min. heiß werden lassen. Die Schnitzel nebeneinander einlegen, das Öl muss gleich leicht zu brutzeln beginnen. Die Schnitzel ca. 2 Min. bei mittlerer Hitze braten, bis der Rand schön braun ist (die Röststoffe verleihen dem Fleisch ein gutes Aroma).

3 Die Schnitzel wenden (am besten mit einer Zange, nicht mit einer Gabel darin herumstochern); so müssen sie jetzt aussehen **(1).** Auf der anderen Seite ebenfalls 2 Min. braten, auf einen Teller herausheben und zudecken.

4 Schalotte in die Pfanne geben und 1 Min. im Bratensatz anbraten. Mit dem Wein oder der Brühe ablöschen, d.h. die Flüssigkeit zugeben und sprudelnd aufkochen lassen **(2)**. Die Crème fraîche dazugeben und die Sauce 2–3 Min. unter Rühren einkochen lassen **(3)**, mit Salz und Pfeffer nachwürzen. Die Schnitzel zur Sauce geben und zugedeckt bei kleinster Hitze ziehen lassen, bis alle Beilagen fertig sind, siehe »Timing fürs komplette Essen« Seite 20.

Zartes Gemüse und Pellkartoffeln

45 Min. Zubereitung
Pro Portion ca. 185 kcal, 5 g EW, 8 g F, 25 g KH

Für 2 Personen

300 g vorwiegend festkochende
   Kartoffeln
Salz
2–3 Möhren (200 g)

1 junger Kohlrabi (ca. 150 g)
3 Frühlingszwiebeln
1 EL Butter
1 EL Crème fraîche

frisch gemahlener Pfeffer
frisch geriebene Muskatnuss

1 Die Kartoffeln unter fließendem kaltem Wasser gründlich waschen und eventuell mit einer Gemüsebürste säubern. Mit ½ TL Salz in einen Topf geben und knapp mit Wasser bedecken. Ca. 25 Min. bei mittlerer Hitze zugedeckt kochen lassen.

2 Inzwischen von den Möhren das Grün entfernen. Möhren unter fließendem kaltem Wasser waschen und bei Bedarf abbürsten. Zarte junge Bundmöhren müssen nicht geschält werden, ältere, die länger gelagert wurden, mit dem Sparschäler dünn schälen. Schräg in ca. 3 mm dicke Scheiben schneiden **(1)**. Vom Kohlrabi das Grün abschneiden, zarte Blätter beiseitelegen. Den Kohlrabi mit einem Messer schälen, »holzige«, d. h. harte, faserige Stellen großzügig abschneiden. Den Kohlrabi halbieren, die Hälften in ca. ½ cm dicke Scheiben und diese in ½ cm dicke Stifte schneiden **(2)**. Die Frühlingszwiebeln putzen, waschen und den weißen und grünen Teil getrennt in Ringe schneiden (siehe Spickzettel).

3 Die Butter in einem Topf bei mittlerer Hitze zerlassen, aber nicht braun werden lassen. Weiße Frühlingszwiebeln, Möhren und Kohlrabi dazugeben und ca. 1 Min. unter Rühren andünsten. 4 EL Wasser und ¼ TL Salz dazugeben und das Gemüse zugedeckt bei kleiner Hitze 10 Min. garen. Die Crème fraîche unterrühren und 2 Min. offen einkochen lassen.

Das zarte Kohlrabigrün waschen und fein schneiden, mit dem Frühlingszwiebelgrün untermischen. Das Gemüse mit Salz, Pfeffer und Muskatnuss abschmecken. Im Backofen warm stellen (siehe unten).

4 Die Kartoffeln abgießen und 1 Min. ausdampfen lassen. Mit einer Gabel aufspießen und mit einem kleinen, spitzen Messer pellen, d. h. die Schale abziehen und dunkle Stellen mit der Messerspitze herausschneiden **(3)**. Kartoffeln und Gemüse (mit den Schnitzeln und der Sauce von Seite 18) auf vorgewärmte Teller geben.

TIMING FÜRS KOMPLETTE ESSEN

Wer sich noch nicht zutraut, für Fleisch und Beilagen gleichzeitig mit mehreren Töpfen und Pfannen zu hantieren, heizt gleich zu Beginn den Backofen auf 70° vor und stellt schon mal die Teller hinein. Dann die Kartoffeln aufsetzen und, während diese kochen, das Gemüse zubereiten. In den 10 Min., in denen das Gemüse gart, die Schnitzel vorbereiten, anbraten etc. Gemüse und Schnitzel in der Sauce dann zum Warmhalten in den Ofen stellen und in aller Ruhe die Kartoffeln pellen.

1

2

3

Am besten schon vorm Hauptgericht zubereiten und mit Folie abgedeckt kühl stellen

Quarkcreme mit Himbeeren

15 Min. Zubereitung
Pro Portion ca. 290 kcal, 11 g EW, 20 g F, 14 g KH

Für 2 Personen

100 g kalte Sahne	1 ½ EL Ahornsirup (ersatzweise	1 TL Puderzucker
150 g Quark (20%)	1 EL Honig)	
2 EL Limettensaft	125 g Himbeeren (frisch oder TK)	

1 Die Sahne in einen hohen Rührbecher geben und mit den Quirlen des Handrührgeräts in 1–2 Min. steif schlagen (siehe Spickzettel). Das funktioniert am besten mit kalter Sahne; am besten auch Schüssel und Quirle vorher in den Kühlschrank legen. Nicht zu lange schlagen, sonst wird die Sahne zu Butter.

2 Den Quark in eine Schüssel geben. Limettensaft und Ahornsirup hinzufügen und sorgfältig unterrühren. Die Hälfte der Schlagsahne daraufgeben und mit einem Teigspatel untermischen. Die übrige Schlagsahne dazugeben und vorsichtig unterheben. Nicht zu viel rühren, damit die Creme schön luftig bleibt. Die Creme in zwei Gläser füllen.

3 Die frischen Himbeeren verlesen, d. h. verdorbene oder zerquetschte aussortieren und wegwerfen. Die schönen Beeren zum Waschen kurz in kaltes Wasser geben, sofort wieder herausholen und auf Küchenpapier abtropfen lassen. Die Himbeeren auf die Quarkcreme geben. TK-Himbeeren können gleich unaufgetaut auf die Creme gegeben werden (sie brauchen ca. 1 Std. zum Auftauen).

4 Vor dem Servieren den Puderzucker in ein feines Sieb geben. Dieses über die Himbeeren halten und jeweils kurz gegen den Siebrand klopfen, sodass die Himbeeren hübsch bestäubt werden.

VARIANTEN

Wer die Himbeeren nicht im Ganzen auf die Creme setzen will, sondern lieber **Himbeermark** daraus machen möchte, gibt die Beeren mit 1 TL Puderzucker und 1 EL Zitronensaft in einen hohen Rührbecher und püriert sie mit dem Pürierstab. Das Püree dann in ein feines Sieb geben und mit einem Löffel durchstreichen – so entfernt man die kleinen Kernchen. Für Quarkcreme mit **Erdbeermark** 150 g frische Erdbeeren waschen, abtropfen lassen, die Kelchblätter entfernen und die Beeren mit 1 TL Puderzucker und 1 EL Orangenlikör (oder Zitronensaft) fein pürieren (TK-Erdbeeren antauen lassen und mit Puderzucker und Likör oder Saft pürieren). Erdbeermark muss nicht durchpassiert werden.
Für Quarkcreme mit **Aprikosenpüree** 150 g frische Aprikosen waschen und entsteinen (oder aus der Dose, abtropfen lassen) mit dem Pürierstab pürieren und mit etwas Zitronensaft abschmecken.

TAG 3
MONTAG

Pfannkuchen zum Sattessen, mal herzhaft, mal süß. Der Klassiker: einfach Teig pur backen

Zucchinipfannkuchen mit Schafskäse

25 Min. Zubereitung
Pro Portion ca. 445 kcal, 24 g EW, 30 g F, 20 g KH

Für 2 Personen

4 EL Mehl
4 Eier (Größe M)
8 EL Milch (120 ml)

2 Zucchini (ca. 250 g)
60 g Schafskäse
Salz, frisch gemahlener Pfeffer

frisch geriebene Muskatnuss
2 EL neutrales Öl

1 Das Mehl in eine Rührschüssel geben. Die Eier am Schüsselrand aufschlagen (siehe Spickzettel) und zum Mehl geben. Nach und nach die Milch hinzufügen und alles kräftig mit dem Schneebesen verrühren. Den Teig ca. 10 Min. zugedeckt quellen lassen.

2 Inzwischen die Zucchini waschen und ohne den Stielansatz auf der Reibe grob raspeln. Den Schafskäse abtropfen lassen und fein zerbröseln (den Rest in einer Deckeldose mit Wasser bedecken und im Kühlschrank aufbewahren – schmeckt z. B. in einem Salat).

3 Die Zucchiniraspel und den Schafskäse unter den Teig mengen. Je ⅓ TL Salz und frisch gemahlenen Pfeffer unterrühren und etwas Muskatnuss dazureiben. Den Teig probieren und abschmecken, d. h. nach Geschmack mit Salz, Pfeffer und Muskatnuss nachwürzen.

4 Eine mittelgroße Pfanne auf mittlerer Stufe erhitzen und das Öl hineingeben. Den Teig in die Pfanne gießen und gleichmäßig verteilen. Den Pfannkuchen 3–4 Min. backen, bis der Teig zu stocken beginnt. Mit einem Pfannenwender wenden und auf der anderen Seite in weiterer 3–4 Min. fertig backen. In der Pfanne zerteilen und auf zwei Teller heben. Dazu passt ein bunter Salat, z. B. wie auf Seite 16 beschrieben.

SÜSSE VARIANTE

Für einen **Apfelpfannkuchen mit Walnüssen** 4 EL Mehl mit 1 EL Zucker, 1 Prise Salz, 4 Eiern und 8 EL Milch verrühren und zugedeckt quellen lassen. 1 großen säuerlichen Apfel (z. B. Boskop oder Braeburn) vierteln und das Kerngehäuse herausschneiden. Die Viertel schälen, auf der Reibe grob raspeln und sofort mit 1 EL Zitronensaft mischen, damit sie nicht braun werden. Die Apfelraspel unter den Pfannkuchenteig mischen. Die Pfanne auf mittlerer Stufe erhitzen, 1 EL Butterschmalz hineingeben und zerlassen. Den Teig in die Pfanne geben, glatt streichen und 3–4 Min. backen. 8–10 Walnusshälften hacken, auf die Oberfläche streuen und 1 TL Zucker darüberstreuen. Den Pfannkuchen wenden und in 3–4 Min. fertig backen. Damit der Zucker nicht verbrennt, darf die Temperatur nicht zu hoch sein! Zum Servieren den Apfelpfannkuchen nochmals wenden, halbieren und auf zwei Tellern anrichten.

ZUBEREITUNGSTIPP

Falls Sie den Pfannkuchen in einer großen Pfanne backen, verkürzt sich die Garzeit auf 2–3 Min. pro Seite.

Alles klein schneiden, in Wok oder Pfanne kurz braten – fertig ist ein tolles erstes Asia-Gericht

Hähnchen-Gemüse-Wok

30 Min. Zubereitung
Pro Portion ca. 415 kcal, 38 g EW, 24 g F, 10 g KH

Für 2 Personen

300 g Hähnchenbrustfilet	2 Möhren	3 EL neutrales Öl
1 Knoblauchzehe	1 Zucchino	2 EL geröstete, gesalzene Erdnüsse
1 walnussgroßes Stück Ingwer	3 Frühlingszwiebeln	
3 EL helle Sojasauce	1 große rote Chilischote	

1 Das Hähnchenfleisch kalt abwaschen und mit Küchenpapier trocken tupfen. In feine Streifen schneiden und in eine Schüssel geben **(1).** Brett, Messer und Hände sofort danach gründlich mit Spülmittel und heißem Wasser reinigen, weil im Geflügel manchmal Salmonellen stecken, die sonst auf andere Lebensmittel übertragen werden könnten. Knoblauch und Ingwer schälen und fein hacken (siehe Spickzettel). Beides mit 1 EL Sojasauce unter die Fleischstreifen mischen.

2 Die Möhren schälen, erst längs in ca. 3 mm dicke Scheiben und diese dann schräg in 3 mm dicke Stifte schneiden. Den Zucchino waschen und ohne Stielansatz in ebenso feine Stifte schneiden. Die Frühlingszwiebeln putzen und waschen, die Chilischote waschen und entkernen und beides in feine Ringe schneiden (siehe Spickzettel) **(2)**.

3 Einen Wok (oder eine Pfanne) erhitzen, 2 EL Öl hineingeben. Das Fleisch mit Küchenpapier trocken tupfen und im Öl bei großer Hitze unter häufigem Rühren 2–3 Min. goldbraun braten – das nennt man »pfannenrühren«. Das Fleisch herausnehmen und auf einen Teller legen.

4 Das übrige Öl (1 EL) in Wok oder Pfanne geben. Möhrenstifte, weiße Frühlingszwiebeln und Chili darin 1 Min. pfannenrühren. Die Zucchinistifte unterrühren und 2 Min. mitbraten. Das Fleisch wieder hinzufügen, das Frühlingszwiebelgrün untermischen und alles noch 1–2 Min. weiter pfannenrühren. Das Gemüse soll noch bissfest sein – da alle Zutaten klein geschnitten sind, geht das Garen sehr schnell. Die übrige Sojasauce (2 EL) unterrühren **(3)** und das Gericht auf zwei Teller oder Schüsseln verteilen. Die Erdnüsse mit einem großen Messer grob hacken oder in einem Mörser grob zerstoßen und darüberstreuen.

VARIANTEN

Statt Hähnchenbrustfilet schmeckt auch Putenbrust- oder Schweinefilet, Steak- und Schnitzelfleisch. Wichtig ist, dass das Fleisch zum Kurzbraten geeignet ist (im Zweifelsfall den Metzger fragen!).
Auch beim Gemüse gibt's viele Variationsmöglichkeiten: Fein schmeckt auch Kohlrabi (in feine Stifte schneiden), Paprikaschoten (in feine Streifen schneiden) oder eine Handvoll zarte Spinatblätter (waschen und mit den grünen Frühlingszwiebeln unterrühren).

1

2

3

Wer Linsen liebt, hat es gut – sie schmecken auf 1001 Art, sind gesund und machen schön satt

Rote Linsensuppe

30 Min. Zubereitung
Pro Portion ca. 295 kcal, 15 g EW, 11 g F, 30 g KH

Für 2 Personen

1 kleine Zwiebel	2 EL Olivenöl
2 Knoblauchzehen	120 g rote Linsen
1 Möhre	1–2 EL Aceto balsamico
1 Stange Staudensellerie	Salz, frisch gemahlener Pfeffer
½ l Gemüsebrühe (Instant)	

1 Die Zwiebel und den Knoblauch schälen und fein hacken (siehe Spickzettel). Die Möhre schälen, längs in ca. 3 mm dicke Scheiben und diese schräg in 3 mm dicke Stifte schneiden. Die Selleriestange waschen und in feine Scheiben schneiden, ein paar Sellerieblätter zerzupfen und für die Deko beiseitelegen. Für die Gemüsebrühe 1 gehäuften TL gekörnte Gemüsebrühe in ½ l heißem Wasser auflösen.

2 Einen kleinen Suppentopf auf mittlerer Stufe erhitzen und das Öl hineingeben. Zwiebel und Knoblauch darin 1 Min. anbraten. Die Linsen dazugeben und 2 Min. unter Rühren mitbraten. Möhrenstifte und Sellerie unterrühren und 1 Min. mitbraten. Mit der Gemüsebrühe ablöschen, aufkochen und 10–12 Min. kochen lassen, bis die Linsen weich sind, aber noch nicht ganz zerfallen.

3 Erst 1 EL Aceto balsamico und je 1 Prise Salz und Pfeffer unter die Suppe rühren und probieren. Ganz nach Geschmack noch etwas mehr Salz, Pfeffer oder Essig hinzufügen. Die Suppe auf zwei Tassen oder Schalen verteilen und mit den beiseitegelegten Sellerieblättchen garnieren.

LINSEN – THEMA MIT VARIATIONEN

→ Geschälte rote Linsen sind besonders zart und werden schnell weich (in 10–12 Min.). Gelbe Linsen brauchen 25–30 Min., braune Tellerlinsen müssen 45–50 Min. kochen.

→ Statt mit Aceto balsamico kann man die Suppe auch mit Zitronen- oder Limettensaft abschmecken. Wichtig: Salz und die säurehaltige Würze wie Essig oder Zitrussaft grundsätzlich erst zum Schluss dazugeben. Sie würden das Weichwerden der Linsen verzögern bzw. verhindern.

→ Rote und gelbe Linsen schmecken eher mild und vertragen daher vielerlei Würze: Für eine **indische Variante** mit Zwiebel und Knoblauch ½ EL fein gehackten Ingwer (siehe Spickzettel) und 1 TL Currypulver anbraten. Mit Limettensaft fein abschmecken und mit den Blättchen von 4–5 Stielen Koriandergrün garnieren.

→ Für **arabische Würze** mit Zwiebel und Knoblauch 1 TL gemahlenen Kreuzkümmel anbraten und ½ TL Harissa (scharfe tunesische Chilipaste) unter die Suppe mischen. Mit Zitronensaft abschmecken und die fein gehackten Blätter von je 2–3 Stielen Minze und Petersilie unterrühren.

Gelingt am besten, wenn man gleich einen großen Topf Sauce kocht, Rest einfach einfrieren

Spaghetti Bolognese

25 Min. Zubereitung | 20–60 Min. Kochen
Pro Portion ca. 695 kcal, 37 g EW, 21 g F, 82 g KH

Für 2 Personen (+ TK-Vorrat für 2)

1 Zwiebel	1 EL Tomatenmark
1 Knoblauchzehe	Salz
1 Möhre	2–3 Peperoncini (getrocknete
2 Stangen Staudensellerie	Chilischoten)
¼ l Rotwein oder Gemüsebrühe	1 kleine Dose stückige Tomaten
(Instant)	(400 g)
2 EL Olivenöl	200 g Spaghetti
400 g Rinderhackfleisch	1 Stück Parmesan (ca. 40 g)

1 Die Zwiebel und den Knoblauch schälen und fein hacken (siehe Spickzettel). Die Möhre schälen, die Selleriestangen waschen und beides klein würfeln. Den Wein bereitstellen oder ½ TL gekörnte Gemüsebrühe in ¼ l heißem Wasser auflösen.

2 Einen Schmortopf auf mittlerer Stufe erhitzen und das Öl hineingeben. Das Hackfleisch darin in 3–4 Min. »krümelig braten«, d. h. jeweils 1 Min. anbraten, dann mit dem Pfannenwender zerteilen und umrühren, wieder 1 Min. anbraten usw. Dann Zwiebel, Knoblauch, Tomatenmark und Gemüse unterrühren und 2 Min. mitbraten. Mit Salz würzen, die Peperoncini dazubröseln. Wein oder Brühe und die Tomaten unterrühren, aufkochen und mindestens 20 Min., besser 1 Std. bei kleiner Hitze zugedeckt köcheln lassen, gelegentlich umrühren.

3 Die Sauce reicht für vier. Für zwei Personen in einem Topf 2 l Wasser aufkochen, 2 TL Salz hinzufügen und 200 g Spaghetti nach Packungsangabe in ca. 10 Min. bissfest kochen. In ein Sieb abgießen und in zwei tiefe Teller geben. Je ein Viertel der Sauce daraufgeben, die Hälfte des Parmesans darüberreiben. Die übrige Sauce zugedeckt im Kühlschrank aufbewahren (4–5 Tage) oder einfrieren (ca. 4 Monate).

HACKFLEISCH – DAS IST WICHTIG

→ Frisches Hackfleisch vom Metzger am besten gleich am Einkaufstag verwenden. Keime setzen sich bei Fleisch immer auf die Oberfläche. Da diese bei Hackfleisch extrem groß ist, ist es auch besonders leicht verderblich.

→ Wichtig ist auch, dass die Kühlkette nicht unterbrochen wird: Das Hackfleisch also bald nach Hause bringen und sofort in den Kühlschrank legen. Falls Sie es doch einmal ein paar Tage lagern müssen, lassen Sie es beim Metzger vakuumieren (oder kaufen luftdicht abgepacktes Hackfleisch mit Verbrauchsdatum). Dadurch wird die Vermehrung der Keime verzögert. Für den Vorrat kann man Hackfleisch vakuumverpackt oder flach in einen Gefrierbeutel gepackt einfrieren. Das gefrorene Fleisch unaufgetaut in Topf oder Pfanne geben und nach und nach im Öl anbraten und dabei auftauen lassen.

→ Übrigens: Ob Sie reines Rinderhackfleisch oder das etwas fettreichere »gemischte Hackfleisch« aus halb Rinder-/ halb Schweinehack nehmen, ist reine Geschmackssache.

TAG 7
FREITAG

Das Wichtigste beim Fisch: Nicht zu lange garen. Und verschiedene Sorten ausprobieren

Fischfilet in Senfsauce

25 Min. Zubereitung
Pro Portion ca. 750 kcal, 44 g EW, 37 g F, 57 g KH

Für 2 Personen

Salz
1 Kochbeutel Langkornreis (125 g)
1 Salatgurke
2 EL Weißweinessig
1 EL neutrales Öl
frisch gemahlener Pfeffer

400 g Fischfilets (z. B. Rotbarsch oder
Seelachs; frisch oder TK, aufgetaut)
1 Bio-Zitrone
150 g Sahne
1 EL mittelscharfer Senf
Zucker
2 Stiele Dill

1 In einem Topf zugedeckt 1 l Wasser aufkochen, ½ TL Salz hinzufügen und den Kochbeutelreis darin nach Packungsangabe garen. Inzwischen die Gurke schälen, in dünne Scheiben hobeln, in einer Schüssel mit ½ TL Salz vermengen und 5 Min. Wasser ziehen lassen. Dann mit den Händen ausdrücken und das Gurkenwasser weggießen. Die Gurken mit Essig und Öl vermischen und mit Pfeffer abschmecken. Die Fischfilets, wie rechts beschrieben, vorbereiten. Die Zitrone heiß waschen und abtrocknen, erst ½ TL Zitronenschale fein abreiben (siehe Spickzettel), dann den Saft auspressen. Die Fischfilets salzen und mit 2 EL Zitronensaft beträufeln.

2 In einer Pfanne Sahne, Senf und Zitronenschale verrühren, aufkochen und 2 Min. bei großer Hitze einkochen lassen. Mit je 1 Prise Salz und Zucker würzen. Die Fischfilets einlegen und zugedeckt bei kleiner Hitze 3–4 Min. garen. Vorsichtig wenden und in 3–4 Min. fertig garen (die Garzeit hängt von der Dicke der Fischfilets ab).

3 Den Kochbeutel herausheben, aufschneiden und den Reis in eine Schüssel geben. Dill waschen und trocken schütteln, die Spitzen abzupfen, fein hacken und unter den Reis mischen. Den Reis auf zwei Teller geben, die Fischfilets daneben anrichten und die Senfsauce darübergeben. Mit dem Gurkensalat servieren.

FISCHFILETS VORBEREITEN – SO GEHT'S GANZ EINFACH

→ TK-Fischfilets am besten am Vorabend aus der Packung nehmen und zugedeckt auf einem Teller über Nacht im Kühlschrank auftauen lassen. Dann die Auftauflüssigkeit abgießen und die Fischfilets mit Küchenpapier trocken tupfen.

→ Frische Fischfilets kurz unter fließendem kaltem Wasser abwaschen und mit Küchenpapier trocken tupfen. Um Gräten aufzuspüren, mit den Fingerspitzen sanft über die innere Oberfläche streichen. Wenn Sie Gräten entdecken, mit einer Pinzette herausziehen.

→ »Säubern, säuern, salzen«, also waschen, mit Zitronensaft beträufeln und salzen – diese alte Regel ist heute nicht mehr unumstößlich. Der Zitronensaft sollte früher in erster Linie den Fischgeruch übertönen, der bei wirklich frischem Fisch gar nicht vorkommt. Zitrone oder Limette bringt aber auch frisches Aroma ins Spiel, das gut zu Fisch passt. Und so kommen sie auch in modernen Rezepten gerne zum Einsatz.

→ Und die Mengenlehre:
Pro Person rechnet man, je nach Zubereitungsart und Beilage, 150–200 g Fischfilet.

Hühnersuppe mit Nudeln

45 Min. Zubereitung | 1 Std. 30 Min. Kochen
Bei 6 Portionen pro Portion ca. 495 kcal, 30 g EW, 28 g F, 31 g KH

Für 4–6 Personen

1 Suppenhuhn (ca. 1,2 kg)
2 Bund Suppengrün (aus Möhre, Lauch, Sellerieknolle, Petersilienwurzel)
2 Zweige Thymian
1 Lorbeerblatt
1 TL schwarze Pfefferkörner
1 Streifen Bio-Zitronenschale
Salz
1 Zwiebel
250 g feine Suppennudeln
1 Bund Schnittlauch

1 Das Huhn innen und außen kalt abspülen, in einen großen Suppentopf geben und mit ca. 2,5 l Wasser bedecken. Das Suppengrün waschen bzw. schälen, alles grob würfeln und hinzufügen. Den Thymian waschen und mit dem Lorbeerblatt, den Pfefferkörnern, der Zitronenschale und 1 TL Salz in den Topf geben.

2 Die Zwiebel ungeschält quer halbieren, mit den Schnittflächen ohne Fett in einer Pfanne bei mittlerer Hitze ca. 5 Min. dunkelbraun anrösten **(1),** dann in den Topf geben. Die Brühe aufkochen und den aufsteigenden Schaum mit einem Löffel abschöpfen **(2).** Die Suppe ca. 1 ½ Std. bei kleiner Hitze halb zugedeckt kochen lassen. Dann das Huhn herausnehmen und etwas abkühlen lassen. Die Brühe durch ein feines Sieb in einen anderen Topf abgießen, das Gemüse wegwerfen. Die Brühe bei mittlerer Hitze weiterkochen lassen, bis alles fertig ist.

3 Die Suppennudeln nach Packungsanweisung in Salzwasser kochen, in ein Sieb abgießen und abtropfen lassen. Den Schnittlauch waschen, trocken schütteln und in feine Röllchen schneiden. Das Huhn mit einem scharfen Messer zerteilen **(3)**. Die Haut abziehen und wegwerfen. Das Fleisch von den Knochen lösen und in mundgerechte Stücke schneiden. Nudeln und Fleisch auf Suppenteller verteilen. Die Suppe mit Salz abschmecken und darüberschöpfen. Mit Schnittlauch bestreuen.

Und hinterher gleich noch was Süßes testen, für zwei Personen die Menge einfach halbieren

Birnen-Haselnuss-Crumble

25 Min. Zubereitung | 25 Min. Backen
Pro Portion ca. 640 kcal, 5 g EW, 36 g F, 54 g KH

Für 4 Personen

Für die Birnen
1 Zitrone
2 EL Butter
4 reife Birnen (800 g)
1 EL Zucker

Für die Streusel
80 g Mehl
80 g geriebene Haselnüsse
2 EL Zucker
Salz

¼ TL Zimtpulver
60 g kalte Butter
Außerdem
4 ofenfeste Förmchen (ca. 12 cm Ø)
4 Kugeln Vanilleeis zum Dazuessen

1 Die Zitrone auspressen. Die Butter in einem kleinen Töpfchen zerlassen (oder bei niedrigster Watt-Zahl in der Mikrowelle). Die Birnen vierteln, schälen, vom Kerngehäuse befreien und die Viertel in Spalten schneiden. Die Birnenspalten in einer Schüssel mit Zitronensaft, Zucker und der flüssigen Butter mischen. Auf die Förmchen verteilen.

2 Den Backofen auf 180° (Umluft 160°) vorheizen. Für die Streusel das Mehl und die geriebenen Haselnüsse auf der Arbeitsfläche mischen. Den Zucker, 1 kleine Prise Salz (schafft bei Süßem ein feines Gegengewicht) und das Zimtpulver untermischen. Die kalte Butter klein würfeln und alles mit den Händen zu krümeligen Streuseln verkneten. Die Streusel über die Birnen verteilen.

3 Die Birnen-Haselnuss-Crumbles im heißen Ofen (Mitte) ca. 25 Min. backen, bis die Streusel goldbraun und knusprig sind. Aus dem Ofen holen und je 1 Kugel Vanilleeis daraufgeben. Das Dessert sofort servieren, ehe das Eis schmilzt.

GUT ZU WISSEN

Wer keine kleinen ofenfesten Förmchen besitzt, kann den Crumble natürlich auch in einer größeren Form zubereiten. Er ist allerdings nicht ganz einfach zu portionieren. Am besten mit einem Pfannenwender teilen und die Portionen damit auf Teller heben.

VARIANTEN

Crumbles sind einfach unwiderstehlich, vor allem wegen der herrlichen Kombination aus saftigen Früchten und knusprigen Streuseln. Je nach Saison kann man auch andere Früchte verwenden: Der Sommer lockt mit saftig-süßen **Aprikosen**: 600 g waschen, halbieren, entsteinen und mit 1 EL Zucker und dem Saft einer Zitrone vermischt in die Förmchen geben. Für die Streusel 80 g Mehl mit 80 g geriebenen Mandeln, 2 EL Zucker, 1 kleinen Prise Salz und 60 g kalter Butter verkneten. Im Herbst 600 g halbierte und entsteinte **Zwetschgen** mit 1 EL Zucker, ¼ TL Zimtpulver und 2–3 EL Zwetschgenwasser mischen und für die Streusel 80 g Mehl und 80 g fein gehackte Walnüsse mit 2 EL Zucker, 1 kleinen Prise Salz und 60 g kalter Butter zu Streuseln verarbeiten.

TAG 9
SONNTAG

Ausschlafen! Und dann ran ans Wochenendmenü, das locker für eine Vierer-Runde reicht

Rucolasalat mit Tomaten-Crostini

25 Min. Zubereitung
Pro Portion ca. 380 kcal, 11 g EW, 27 g F, 23 g KH

Für 4 Personen

Für den Salat
2 EL Pinienkerne
150 g Rucola
1 Strauchtomate
2 EL Weißweinessig
Salz, frisch gemahlener Pfeffer

Zucker
4 EL Olivenöl
Für die Crostini
1 Kugel Mozzarella
4 getrocknete Tomaten (in Öl)
2 Stiele Basilikum

1 EL Einlegeöl von den Tomaten
ca. 150 g Baguette (ergibt 12 Scheiben)
Außerdem
Backpapier

1 Die Pinienkerne in einer Pfanne bei kleiner Hitze ohne Fett goldbraun rösten (aufpassen, dass sie nicht verbrennen) und abkühlen lassen. Den Rucola waschen, die harten Stiele entfernen, die Blätter kleiner zupfen und in einem Sieb abtropfen lassen.

2 Für das Dressing die Tomate heiß überbrühen, kalt abschrecken, häuten, entkernen und das Fruchtfleisch klein würfeln (siehe Spickzettel). Den Essig mit je 1 kräftigen Prise Salz und Pfeffer, 1 kleinen Prise Zucker, dem Olivenöl und den Tomatenwürfeln in ein Schraubglas geben und kräftig durchschütteln.

3 Für die Crostini den Mozzarella abtropfen lassen und klein würfeln. Die getrockneten Tomaten abtropfen lassen und ebenfalls fein würfeln. Das Basilikum waschen und trocken schütteln, die Blätter abzupfen und fein schneiden. Mozzarella- und Tomatenwürfelchen mit dem Basilikum vermengen, das Tomatenöl untermischen und die Mischung mit Salz und Pfeffer abschmecken.

4 Den Backofen auf 200° (Umluft 180°) vorheizen, ein Blech mit Backpapier belegen. Das Baguette in 12 Scheiben schneiden. Die Mozzarellamischung daraufgeben und – am besten mit den Händen – festdrücken. Die Crostini mit etwas Abstand auf das Blech legen und in 6–8 Min. im heißen Ofen (oben) goldbraun backen.

5 Inzwischen den Rucola auf vier Teller verteilen. Das Dressing noch einmal durchschütteln und mit einem Löffel über dem Rucola verteilen. Die Pinienkerne darüberstreuen. Die Crostini aus dem Ofen nehmen, je drei auf jeden Tellerrand setzen und die Vorspeise sofort servieren.

VARIANTE

Würziger schmeckt's, wenn man statt des milden Mozzarellas 120 g Ziegenweichkäse (z. B. in der Rolle) nimmt. In feine Würfel schneiden und diese mit den Tomatenwürfelchen und den fein gehackten Blättchen von 3 Stielen frischem Oregano vermischen.

Der erste große Braten schmeckt nach Italien, wunderbar rustikal und ganz unkompliziert

Schweinebraten mit Lorbeerkartoffeln

40 Min. Zubereitung | ca. 1 ½ Std. Garzeit
Pro Portion ca. 770 kcal, 46 g EW, 54 g F, 25 g KH

Für 4 Personen

1,4 kg Schweineschulter (ohne Schwarte; inkl. ca. 400 g für Tag 10)
Salz, frisch gemahlener Pfeffer
2 Knoblauchzehen
1 Zwiebel
5 EL Olivenöl

4 Zweige Rosmarin
4 Zweige Thymian
1,2 kg festkochende Kartoffeln (inkl. ca. 400 g für Tag 10)
6–8 frische Lorbeerblätter

1 Den Backofen auf 180° (Umluft 160°) vorheizen. Das Fleisch kalt abwaschen, mit Küchenpapier trocken tupfen und rundherum mit Salz und Pfeffer würzen. Den Knoblauch und die Zwiebel schälen und fein hacken (siehe Spickzettel). Einen Bräter auf mittlerer Stufe erhitzen. 2 EL Olivenöl hineingeben. Den Braten darin in 5–6 Min. von allen Seiten anbraten. Zwiebel und Knoblauch dazugeben und 1 Min. mitbraten. 100 ml Wasser angießen. Die Kräuter waschen und dazulegen. Den Bräter auf den Backofenrost stellen (Mitte) und den Braten offen 45 Min. braten.

2 Inzwischen die Kartoffeln waschen, in einem Topf mit Wasser bedecken und in ca. 25 Min. weich kochen. Abgießen und abkühlen lassen. Den Schweinebraten wenden, wieder 100 ml Wasser angießen und 45 Min. im Ofen weiterbraten. 400 g Kartoffeln für Tag 10 in den Kühlschrank legen, den Rest pellen und halbieren. Die Lorbeerblätter waschen und gut abtrocknen. Eine große Pfanne auf mittlerer Stufe erhitzen und das übrige Olivenöl (3 EL) hineingeben. Kartoffeln und Lorbeerblätter darin unter regelmäßigem Wenden 8–10 Min. braten. Zum Schluss salzen.

3 Den Braten aus dem Bräter nehmen und zugedeckt 10 Min. ruhen lassen. Etwa ein Viertel für Tag 10 abschneiden. Den Rest in Scheiben schneiden und mit den Lorbeerkartoffeln auf vier Tellern anrichten. Den Bratensaft über das Fleisch verteilen.

BRATEN IM OFEN – SO GEHT´S GANZ EINFACH

→ Das Fleisch am besten ca. 1 Std. vor der Zubereitung aus dem Kühlschrank nehmen, damit es beim Anbraten Zimmertemperatur hat.

→ Das Stück rundum würzen und im Topf oder Bräter auf der Herdplatte sorgfältig bei mittlerer Hitze anbraten, bis es rundherum eine geschlossene Kruste hat und keine rohen Stellen mehr zu sehen sind.

→ Für eine ganz simple, aber feine Bratensauce löscht man den Bratensatz (die Röststoffe am Boden des Bräters), der beim Anbraten des Fleischstücks entstanden ist, mit Wasser oder Brühe ab. Zwiebel, Knoblauch und Kräuter ergeben zusammen damit einen leckeren klaren Bratensaft.

→ Wie man eine Profi-Sauce aus Knochen und Röstgemüse zubereitet, erfahren Sie an Tag 30.

→ Und zum Schluss noch etwas Mengenlehre: aus 1 kg frischem Fleisch werden 700 bis 800 g fertiger Braten – genug für 4 Personen.

Gelingt auch ohne Eismaschine, aber bitte rechtzeitig mit der Zubereitung anfangen!

Aprikoseneis mit Mandelkrokant

30 Min. Zubereitung | 2 Std. Kühlen
Pro Portion ca. 280 kcal, 6 g EW, 17 g F, 24 g KH

Für 4 Personen

500 g reife süße Aprikosen
  (ersatzweise aus der Dose)
3 EL Puderzucker
100 g Mandelstifte
4 EL Zitronensaft

2 EL Aprikosenkonfitüre
2 EL Mascarpone oder Crème fraîche
2–3 EL Aprikosenlikör (nach Belieben)
Außerdem
Backpapier

1 Die Aprikosen waschen, abtrocknen, halbieren und entsteinen (Aprikosen aus der Dose abtropfen lassen). Die Aprikosenhälften nebeneinander auf einer Platte verteilen **(1)** und ca. 2 Std. ins Tiefkühlfach stellen. Vier schöne Gläser oder Servierschalen ebenfalls ins Tiefkühlfach stellen.

2 Ein Stück Backpapier auf der Arbeitsfläche bereitlegen. Den Puderzucker durch ein feines Sieb gleichmäßig in eine Pfanne sieben und ohne Umrühren bei kleiner Hitze in 4–5 Min. zu einem hellem Karamell schmelzen. Die Mandelstifte unterrühren **(2)** und knapp 1 Min. darin karamellisieren. Das Ganze auf das Backpapier gießen, dünn ausstreichen und abkühlen lassen **(3)**.

3 Die gefrorenen Aprikosen mit dem Zitronensaft und der Aprikosenkonfitüre in einen hohen Rührbecher geben und mit dem Pürierstab fein pürieren. Mascarpone oder Crème fraîche und nach Belieben den Aprikosenlikör dazugeben und untermixen, bis eine cremige Masse entsteht.

4 Das Aprikoseneis mit einem Esslöffel portionieren und auf die eisgekühlten Gläser oder Schalen verteilen. Den Mandelkrokant mit den Fingern darüberbröseln.

Mit den Resten vom Sonntagsbraten entsteht hier ratzfatz ein neues Gericht

Tiroler Gröstl mit grünem Salat

25 Min. Zubereitung
Pro Portion ca. 570 kcal, 32 g EW, 35 g F, 30 g KH

Für 2 Personen

Für das Gröstl
ca. 400 g gegarte Kartoffeln
  (Rest von Tag 9)
1 kleine Zwiebel
ca. 250 g gegarter Schweinebraten
  (Rest von Tag 9)

2 EL Öl
Salz, frisch gemahlener Pfeffer
½ TL ganzer Kümmel (nach Belieben)
Für den Salat
½ Kopf Blattsalat (z. B. Batavia)
½ Bund Schnittlauch

2 EL Weißweinessig
Salz, Zucker, frisch gemahlener Pfeffer
½ TL mittelscharfer Senf
4 EL Öl

1 Die Kartoffeln pellen und in ca. 3 mm dicke Scheiben schneiden. Die Zwiebel schälen, längs halbieren und in Spalten schneiden (siehe Spickzettel). Das Fleisch in feine Streifen schneiden.

2 Die Salatblätter ablösen, waschen, in einem Sieb abtropfen lassen und in Stücke zupfen. Den Schnittlauch waschen, trocken schütteln und in Röllchen schneiden. Aus Essig, Salz, Zucker, Pfeffer, Senf und Öl, wie auf Seite 16 beschrieben, in einer großen Schüssel eine Salatsauce zubereiten und den Schnittlauch untermischen.

3 Eine große Pfanne auf mittlerer Stufe erhitzen und das Öl hineingeben. Die Kartoffelscheiben einlegen und 3–4 Min. offen anbraten. Die Kartoffeln mit einem Pfannenwender wenden. Die Zwiebeln und das Fleisch dazugeben, mit Salz, Pfeffer und, nach Belieben, mit Kümmel würzen. 4–5 Min. weiterbraten, dabei noch einige Male wenden.

4 Den abgetropften Salat zum Dressing geben und gut durchmischen. Das Gröstl auf zwei Teller verteilen und mit dem Salat servieren.

VARIANTE MIT FRISCHEN ZUTATEN

So geht's mit frischen Zutaten (dauert ca. 50 Min): 400 g festkochende Kartoffeln waschen, in einem Topf mit Wasser bedecken und in ca. 25 Min. bei mittlerer Hitze weich kochen, abgießen und abkühlen lassen. Inzwischen den Salat vorbereiten. Dann die Kartoffeln pellen und in Scheiben schneiden. 1 Zwiebel schälen, längs halbieren und in feine Spalten schneiden. 300 g Schweineschnitzel in mundgerechte Streifen schneiden. Eine große Pfanne erhitzen, Öl hineingeben und das Fleisch darin 2 Min. bei mittlerer Hitze anbraten. Die Zwiebel dazugeben und alles unter Rühren 2 Min. weiterbraten. Mit Salz, frisch gemahlenem Pfeffer und ½ TL getrocknetem Majoran würzen. Die Kartoffelscheiben hinzufügen und alles in 6–8 Min. bei mittlerer Hitze unter regelmäßigem Wenden braten, bis die Kartoffeln schön braun und knusprig sind. Auf Teller verteilen und mit dem Salat servieren.

Checkliste No. 1

WAS HAB ICH BISHER NACHGEKOCHT,

WAS KANN ICH SCHON,

WAS MACH ICH LIEBER SPÄTER MAL ...?

☐	Nudeln kochen	☐	Kurzbraten im Wok/Pfanne
☐	Salat putzen	☐	Linsensuppe kochen
☐	Vinaigrette anrühren	☐	Spaghetti Bolognese köcheln
☐	Schnitzel braten	☐	Fischfilet dünsten
☐	Sauce köcheln	☐	Echte Hühnersuppe kochen
☐	Pellkartoffeln kochen	☐	Crumble backen
☐	Gemüse dünsten	☐	Italienmenü zubereiten
☐	Quarkcreme zubereiten	☐	Gröstl aus Resten zaubern
☐	Pfannkuchen backen		

Tag 11 - 20

LUST AUF MEHR?

Frikadellen mit Kartoffelpüree

45 Min. Zubereitung
Pro Portion ca. 690 kcal, 35 g EW, 44 g F, 37 g KH

Für 2 Personen

Für die Frikadellen
1 altbackenes Brötchen
1 kleine Zwiebel
3 Stiele Petersilie
250 g gemischtes Hackfleisch (siehe Seite 30)
1 TL mittelscharfer Senf
1 Ei (Größe M)
Salz, frisch gemahlener Pfeffer
2 EL neutrales Öl
Für das Kartoffelpüree
400 g mehligkochende Kartoffeln (siehe rechts)
Salz
100 ml Milch
1 EL Butter
frisch geriebene Muskatnuss

1 Das Brötchen in einer Schüssel in lauwarmem Wasser einweichen (kurz unter Wasser drücken, damit es sich richtig vollsaugt). Die Zwiebel schälen und fein hacken (siehe Spickzettel). Die Petersilie waschen und trocken schütteln, die Blätter abzupfen und fein schneiden.

2 Für das Püree die Kartoffeln schälen und in ca. 3 cm große Würfel schneiden. In einem Topf mit Wasser bedecken und ¹/₃ TL Salz hinzufügen. Die Kartoffeln bei mittlerer Hitze in ca. 15 Min. weich kochen.

3 Inzwischen das Brötchen mit den Händen sehr gut ausdrücken und ganz fein zerpflücken. Mit dem Hackfleisch in eine Schüssel geben. Zwiebel, Petersilie und Senf dazugeben und das Ei dazuschlagen. ¹/₃ TL Salz und viel Pfeffer dazugeben und alles gut verkneten. Aus der Masse vier Kugeln formen und diese zu ca. 2 cm dicken Fladen flach drücken.

4 Eine Pfanne auf mittlerer Stufe erhitzen und das Öl hineingeben. Die Frikadellen darin 3–4 Min. braten, wenden und auf der anderen Seite in 3–4 Min. fertig braten. (An die Kartoffeln denken und rechtzeitig abgießen!) Die Pfanne mit den Frikadellen zugedeckt beiseitestellen, bis das Kartoffelpüree fertig ist.

5 Die Kartoffeln in ein Sieb abgießen, kurz abtropfen lassen und zurück in den Topf geben. Mit dem Kartoffelstampfer fein zerstampfen (oder mit einer sauberen Flasche mit flachem Boden; nicht mit dem Pürierstab). Die Milch erwärmen (in einem Töpfchen oder in der Mikrowelle). Die gestampften Kartoffeln bei kleiner Hitze ebenfalls erwärmen, die Butter und nach und nach so viel heiße Milch mit dem Schneebesen unterrühren, dass ein luftiges Püree entsteht. Mit Salz und 1 Prise frisch geriebener Muskatnuss abschmecken. Jeweils zwei Frikadellen mit der Hälfte des Pürees auf Tellern anrichten.

KARTOFFELN – WELCHE SORTE WOFÜR?

→ Für Suppen und Pürees sind **mehligkochende** Kartoffeln am besten. Sie sind besonders stärkehaltig und machen diese Gerichte schön sämig. **Festkochende** Kartoffeln eignen sich für Salate, Gratins und Aufläufe, weil sie nicht so leicht zerfallen.

→ Wer nicht so oft Kartoffeln isst und deshalb eine Sorte sucht, die sich für alle Zubereitungen eignet, kauft am besten **vorwiegend festkochende** Kartoffeln.

→ Und die Mengenlehre: Als Beilagenportion rechnet man, je nach Zubereitungsart, 150–200 g Kartoffeln pro Person.

TIPPS

Wer mag, würzt die Frikadellenmasse zusätzlich mit ½ TL rosenscharfem Paprikapulver – es verleiht eine feine Schärfe und eine schöne Farbe. Übrigens schmeckt auch der Kartoffel-Gurken-Salat von Seite 100 super zu den Frikadellen.

Orientalische Übung für Neugierige, ganz ohne Fleisch, dafür mit umso mehr Aroma

Couscouspfanne mit Joghurt-Dip

30 Min. Zubereitung
Pro Portion ca. 450 kcal, 13 g EW, 18 g F, 57 g KH

Für 2 Personen

Für den Couscous
2 Möhren
1 rote Paprikaschote
1 Bund Frühlingszwiebeln
1 Knoblauchzehe
1 große rote Chilischote

300 ml Gemüsebrühe (Instant)
2 EL Olivenöl
1 TL gemahlener Kreuzkümmel
120 g Couscous (Instant)
Salz

Für den Joghurt-Dip
100 g Joghurt
1 EL Zitronensaft
1 EL Olivenöl
Salz, Zucker

1 Die Möhren waschen oder schälen und zuerst längs in Scheiben, dann in feine Stifte schneiden. Die Paprikaschote halbieren, Stiel, Trennwände und Kerne entfernen. Die Hälften waschen und in feine Streifen schneiden. Die Frühlingszwiebeln putzen, waschen und weiße und grüne Teile separat in feine Ringe schneiden. Den Knoblauch schälen und fein hacken, die Chilischote längs aufschneiden, entkernen und in feine Ringe schneiden (alle drei siehe Spickzettel). Für die Gemüsebrühe 1 TL gekörnte Gemüsebrühe in 300 ml heißem Wasser auflösen.

2 Eine Pfanne auf mittlerer Stufe erhitzen und das Öl hineingeben. Die weißen Frühlingszwiebeln, den Knoblauch und die Chiliringe darin 1 Min. anbraten. Möhrenstifte und Paprikastreifen dazugeben und 2 Min. unter Rühren mitbraten. Mit dem Kreuzkümmel würzen, mit der Gemüsebrühe ablöschen und aufkochen lassen.

3 Den Couscous dazugeben und unterrühren. Die Pfanne vom Herd nehmen und den Couscous zugedeckt nach Packungsangabe 5–7 Min. quellen lassen.

4 Inzwischen für den Dip den Joghurt mit Zitronensaft, Öl und je 1 Prise Salz und Zucker verrühren.

5 Den Couscous mit einer Gabel auflockern, das Frühlingszwiebelgrün untermischen und das Gericht mit Salz abschmecken. Auf zwei Schalen oder tiefe Teller verteilen und den Joghurt-Dip als Klecks daraufsetzen.

VARIANTE

Die feine Couscouspfanne lässt sich mit Kichererbsen variieren. Eine kleine Dose (240 g) in ein Sieb abgießen, mit kaltem Wasser überbrausen und kurz abtropfen lassen. Mit dem Gemüse 1 Min. anbraten und mit der Gemüsebrühe ablöschen. Den Couscous, wie beschrieben, einrühren und zugedeckt quellen lassen.
Kichererbsen sind reich an pflanzlichem Eiweiß, sie machen das Gericht ein wenig gehaltvoller und sättigender.

Eier mit grüner Sauce

30 Min. Zubereitung
Pro Portion ca. 400 kcal, 20 g EW, 22 g F, 29 g KH

Für 2 Personen

400 g vorwiegend festkochende
        Kartoffeln
Salz
4 Eier (Größe M)
1 großes Bund gemischte Kräuter für
        grüne Sauce (z. B. Sauerampfer,
        Pimpinelle, Schnittlauch, Borretsch,
        Petersilie, Zitronenmelisse, Kerbel)

200 g saure Sahne
2 TL   mittelscharfer Senf
frisch gemahlener Pfeffer
ca. 1 EL Zitronensaft

1   Die Kartoffeln schälen, längs vierteln, in einem Topf mit Wasser bedecken und ⅓ TL Salz hinzufügen. Aufkochen und 12–15 Min. bei mittlerer Hitze kochen lassen, bis die Kartoffeln weich sind.

2   Inzwischen die Eier anpieksen, in einen Topf geben, mit Wasser bedecken und aufkochen lassen. Ab dem Zeitpunkt, an dem das Wasser kocht, die Eier nach Wunsch 5–10 Min. kochen lassen (siehe rechts).

3   Inzwischen die Kräuter waschen und trocken schütteln, die groben Stiele entfernen und die Blätter etwas zerkleinern. Die Kräuter mit der sauren Sahne und dem Senf in einen hohen Rührbecher geben und mit dem Pürierstab fein pürieren. Mit Salz, Pfeffer und Zitronensaft würzig abschmecken.

4   Die Kartoffeln in ein Sieb abgießen und abtropfen lassen. Die Eier mit einem Esslöffel herausnehmen, kurz unter dem kalten Wasserstrahl »abschrecken«, pellen und halbieren. Die Salzkartoffeln auf zwei Teller oder Schüsseln verteilen, mit Eiern und grüner Sauce anrichten.

EIER – WAS SIE WISSEN SOLLTEN

→ Eier sind durch ihre Kalkschale gut geschützt, halten deshalb auch ungekühlt 2–3 Wochen. Falls sie aber durch Salmonellen infiziert sind, vermehren diese sich in der Wärme rasant. Deshalb ist es immer besser, Eier im Kühlschrank aufzubewahren.

→ Die Gewichtsklassen sind mit Buchstaben bezeichnet: S = small, M = medium, L = large, XL = extra large. In diesem Buch werden meist Eier Größe M verwendet, weil man sie überall bekommt.

→ Seit 2004 muss jedes Ei mit einem Erzeugercode gestempelt werden. Die ersten Zahlen verraten, wie das Huhn gehalten wurde: 0 steht für Öko-Eier, 1 für Freiland-, 2 für Bodenhaltung.

→ Vor dem Kochen das Ei am besten an der stumpfen Seite mit einer Nadel anpieksen. Unter der Schale befindet sich dort eine Luftblase, die sich bei Wärme ausdehnt und das Ei im kochenden Wasser zum Platzen bringen könnte. Eier der Gewichtsklasse M sind in 4–5 Min. weich (d. h. das Eigelb ist noch ganz flüssig), in 5–6 Min. wachsweich (d. h. das Eigelb beginnt zu stocken) und in ca. 10 Min. hart gekocht.

Gar nicht kompliziert und unendlich zu variieren, z. B. Garnelen raus und viel Parmesan rein

Garnelen-Zucchini-Risotto

45 Min. Zubereitung
Pro Portion ca. 525 kcal, 29 g EW, 16 g F, 58 g KH

Für 2 Personen

250 g rohe geschälte Riesengarnelen
(frisch oder TK und aufgetaut)
2 Schalotten
1 Knoblauchzehe
1 kleiner Zucchino (ca. 100 g)
350 ml Gemüsebrühe (Instant)

1 EL neutrales Öl
140 g Rundkornreis (siehe Seite 56)
100 ml trockener Weißwein
(ersatzweise Gemüsebrühe)
2 EL Butter
Salz, frisch gemahlener Pfeffer

1 Die Garnelen, falls sie einen Darm haben, mit einem spitzen Messer am Rücken einritzen und den schwarzen Darmfaden entfernen **(1)**. Die Schalotten und den Knoblauch schälen und beides getrennt fein hacken (siehe Spickzettel). Den Zucchino waschen und ohne Stielansatz längs in ca. 3 mm dicke Scheiben und diese dann schräg in ca. 3 mm dicke Stifte schneiden. Für die Gemüsebrühe ½ TL gekörnte Gemüsebrühe in 350 ml heißem Wasser auflösen.

2 Einen Topf erhitzen, das Öl hineingeben und die Schalotten darin bei mittlerer Hitze 1 Min. unter Rühren anbraten. Den Reis hinzufügen und 1 Min. mitbraten. Mit dem Weißwein ablöschen und diesen vollständig einkochen lassen **(2)**. Ab jetzt immer, wenn der Reis die Flüssigkeit aufgesogen hat, ca. ein Viertel der Brühe hinzufügen und auch zwischendurch regelmäßig rühren.

3 Eine Pfanne auf mittlerer Stufe erhitzen und 1 EL Butter darin zerlassen. Die Garnelen darin 1 Min. von allen Seiten bei mittlerer Hitze anbraten. Den Knoblauch und die Zucchinistifte dazugeben und 2 Min. mitbraten. Leicht salzen und vom Herd nehmen **(3)**. Nach 20 Min. den Reis probieren: Er soll noch ein wenig Biss haben. Wenn er fertig ist, mit Salz und Pfeffer abschmecken, die übrige Butter (1 EL) und die Garnelen-Zucchini-Mischung unterheben. Den Risotto 2 Min. zugedeckt ruhen lassen.

Für alle Süßschnäbel die fruchtige Alternative zum Risotto, zum Sattessen oder als Nachtisch

Apfelmilchreis mit Zimtzucker

30 Min. Zubereitung
Pro Portion ca. 605 kcal, 17 g EW, 18 g F, 93 g KH

Für 2 Personen

¾ l Milch
2 EL Zucker
120 g Rundkornreis
1 Stück Bio-Zitronenschale

2 säuerliche Äpfel (z. B. Boskop oder Gravensteiner, ca. 300 g)
1 EL Butter
¼ TL Zimtpulver

1 Die Milch mit 1 EL Zucker in einen Topf geben. Den Reis hinzufügen. Die Zitrone heiß waschen, mit dem Sparschäler einen breiten Streifen abschälen (siehe Spickzettel) und dazugeben (verleiht dem Milchreis eine frische Note).

2 Die Milch aufkochen und bei kleiner Hitze 20 Min. kochen lassen, dabei alle paar Min. umrühren, damit nichts anlegen kann. Den Herd abschalten und den Milchreis zugedeckt quellen lassen, bis die Äpfel fertig sind.

3 Die Äpfel vierteln, schälen und das Kerngehäuse entfernen. Die Viertel in Spalten schneiden. Die Butter in einer Pfanne bei mittlerer Hitze zerlassen. Die Apfelspalten dazugeben und 2–3 Min. unter Wenden braten. Den übrigen Zucker (1 EL) mit dem Zimtpulver mischen.

4 Das Zitronenschalenstück aus dem Milchreis entfernen und die gebratenen Apfelspalten unterziehen. Den Apfelmilchreis auf zwei Schalen oder tiefe Teller verteilen, den Zimtzucker darüberstreuen.

REISSORTEN – DAS SOLLTEN SIE WISSEN

➔ Langkornreis im Kochbeutel ist ganz einfach und schnell zuzubereiten und schmeckt gut als Beilage zu Gerichten mit Sauce.

➔ Für Risotto verwendet man Rundkornreis, z. B. Sorten wie Arborio, Vialone oder Carnaroli.

➔ Der kleinkörnige Milchreis saugt besonders viel Flüssigkeit auf und sorgt für ein cremiges Resultat, das nicht nur Kinder schätzen.

➔ Fein ist auch Basmatireis, ein wunderbar duftender Langkornreis, der ausgezeichnet zu asiatischen Gerichten passt.

➔ Alle Reissorten sind trocken und dunkel gelagert über 1 Jahr haltbar, deshalb kann man problemlos verschiedene Sorten im Vorrat haben.

➔ Zur Mengenlehre: Als Beilage rechnet man ca. 60 g pro Person (Kochbeutel enthalten meist 125 g), für Risotto sollte man 60–80 g pro Person nehmen, für süßen Milchreis reichen 50–60 g.

Auftakt für ein leichtes Frühlingsmenü, die Fortsetzungen folgen auf den nächsten Seiten

Tomaten-Bruschetta

20 Min. Zubereitung
Pro Portion ca. 250 kcal, 6 g EW, 8 g F, 37 g KH

Für 4 Personen

4 reife Strauchtomaten (ca. 400 g)
Salz, frisch gemahlener Pfeffer
3 EL Olivenöl
6 Scheiben altbackenes Ciabatta-
brot (oder 12 Scheiben Baguette)

1 kleines Bund Rucola
2 Knoblauchzehen
Außerdem
Backpapier

1 Die Tomaten auf der »runden« Seite kreuzförmig einritzen und den Stielansatz auf der anderen Seite mit einem spitzen Messer herausschneiden **(1).** Die Tomaten 1 Min. in kochendes Wasser legen, mit einem Schaumlöffel (oder Pfannenwender) herausheben **(2)** und kurz unter fließendes kaltes Wasser halten – das nennt man »kalt abschrecken«. Dadurch löst sich die Haut und lässt sich mit dem kleinen Messer ganz einfach abziehen. Die Tomaten quer halbieren, die Samen entfernen – das geht am besten mit einem Teelöffel oder den Fingern. Die Tomatenhälften in kleine Würfel schneiden **(3)** und in eine Schüssel geben. Mit Salz und Pfeffer würzen und das Olivenöl untermischen.

2 Den Backofen auf 200° vorheizen und ein Blech mit Backpapier belegen. Die Ciabattascheiben halbieren (Baguettescheiben ganz lassen), auf dem Blech verteilen und im heißen Ofen (Mitte) von jeder Seite 3–4 Min. rösten, bis sie knusprig und goldbraun sind. Inzwischen den Rucola in stehendem kaltem Wasser waschen, trocken schütteln und die groben Stiele abschneiden. In einem Sieb abtropfen lassen.

3 Die Knoblauchzehen schälen und längs halbieren. Die heißen Brotscheiben mit den frischen Knoblauchschnittflächen einreiben, die Tomatenwürfel daraufhäufen und mit Rucolablättchen garnieren. Sofort warm servieren.

Grüner Spargel Mailänder Art

45 Min. Zubereitung
Pro Portion ca. 200 kcal, 16 g EW, 12 g F, 6 g KH

Für 4 Personen

3 Päckchen grüner Spargel (1,5 kg)	1 Stück Parmesan (ca. 40 g)
Salz, Zucker	4 frische Eier (Größe M)
3 TL Butter	frisch gemahlener Pfeffer

1 Den Spargel waschen, im unteren Drittel mit einem Sparschäler schälen **(1)** und die Enden abschneiden. In einen weiten Topf, in dem die Stangen liegend Platz haben, ca. 5 cm hoch Wasser füllen. Je 1 TL Salz, Zucker und Butter dazugeben und das Wasser aufkochen lassen.

2 Den Spargel ins kochende Wasser geben und bei mittlerer Hitze (das Wasser soll nur leise köcheln) 8–10 Min. garen. Inzwischen vom Parmesan mit dem Sparschäler feine Späne abhobeln **(2)**.

3 Die übrige Butter (2 TL) in einer Pfanne bei mittlerer Hitze zerlassen. Die Eier jeweils am Pfannenrand aufklopfen, die beiden Schalenhälften über der Pfanne öffnen und den Inhalt in die Pfanne gleiten lassen. Die Eier nebeneinander in die Pfanne setzen und in 3–4 Min. zu Spiegeleiern braten. Die Pfanne vom Herd nehmen.

4 Den Spargel mit einem Pfannenwender aus dem Sud heben, kurz abtropfen lassen und auf vier Teller verteilen. Die Spiegeleier leicht salzen und pfeffern **(3)**, mit dem Pfannenwender abteilen und je 1 Spiegelei auf jede Spargelportion legen. Die Parmesanspäne darüberstreuen.

TIPP: SPARGEL AUS DER GRILLPFANNE

Grünen Spargel kann man auch in der Grillpfanne zubereiten. Zunächst den Backofen auf 70° vorwärmen und eine Platte hineinstellen. Den Spargel, wie beschrieben, schälen, die Enden abschneiden und die Stangen mit einem scharfen Messer längs halbieren. Die Grillpfanne auf mittlerer Stufe erhitzen und die Stege mit Olivenöl einpinseln. Jeweils ca. ein Drittel der Spargelstangen in die Pfanne geben (alle sollten auf den Stegen liegen) und 2–3 Min. braten, bis sie hübsche Grillstreifen haben. Mit einer Zange wenden und auf der anderen Seite weitere 2–3 Min. braten. Leicht salzen, auf die Platte im Ofen geben und mit etwas Olivenöl beträufeln. Wenn alle Spargelstangen gebraten sind, die Spiegeleier zubereiten, die Parmesanspäne vorbereiten und den Spargel, wie beschrieben, auf vier Tellern anrichten.

Saltimbocca

40 Min. Zubereitung
Pro Portion ca. 285 kcal, 90 g EW, 11 g F, 4 g KH

Für 4 Personen

12 Salbeiblätter
6 Scheiben Parmaschinken
6 dünne Kalbsschnitzel (je ca. 100)
frisch gemahlener Pfeffer, Salz

2 EL Olivenöl
100 ml Sherry medium (ersatzweise
     Saft von 1 Orange)

Außerdem
12 Holzspießchen

1 Die Salbeiblätter waschen und trocken tupfen. Die Schinkenscheiben quer halbieren. Die Schnitzel mit Küchenpapier trocken tupfen und quer halbieren, mit Pfeffer und wenig Salz (der Schinken ist salzig!) würzen. Jeweils 1 Salbeiblatt und ½ Schinkenscheibe auf jedes Schnitzel legen und mit einem Holzspießchen feststecken.

2 Den Backofen auf 70° vorheizen und eine Platte hineinstellen. Wer keine Riesenpfanne hat, brät die Schnitzelchen in zwei Portionen: Jeweils die Pfanne erhitzen und 1 EL Öl hineingeben. 6 Schnitzel mit der Schinkenseite hineinlegen und 1–2 Min. bei mittlerer Hitze anbraten, wenden und in 1–2 Min. fertig braten (geht so schnell, weil die Schnitzel klein und dünn sind). Die fertigen Schnitzel auf der Platte im Ofen warm halten.

3 Wenn alle Schnitzel gebraten sind, die Pfanne mit dem Bratensatz wieder erhitzen. Mit dem Sherry ablöschen und unter Rühren 2 Min. einkochen lassen. Alle Schnitzel in die Sauce legen, die Pfanne vom Herd nehmen und die Schnitzel in der Sauce 5 Min. zugedeckt ziehen lassen. Je 3 Schnitzel mit etwas Sauce auf jeden Teller geben.

TIPP FÜR DIE ZUBEREITUNG

Wer die Schnitzelchen zum Spargel macht (anstelle der Eier), sollte den Spargel vorbereiten und den Backofen auf 70° vorheizen. Alle Zutaten fürs Schnitzel bereitstellen und das Fleisch vorbereiten. Den Spargel kochen und währenddessen die Schnitzel braten. Fertige Schnitzel im Backofen warm halten. So wird alles gleichzeitig fertig.

Das Frühlingsdessert lässt sich prima vorbereiten und ganz entspannt genießen

Erdbeer-Trifle im Glas

20 Min. Zubereitung
Pro Portion ca. 285 kcal, 4 g EW, 18 g F, 24 g KH

Für 4 Personen

250 g Erdbeeren	1 Vanilleschote (siehe Info)	120 g heller Biskuit (fertig gekaufter
1 Orange	150 g Sahne	Wiener Boden oder Madeleines,
1 EL Zucker	4 EL Orangenlikör (nach Belieben)	ersatzweise heller Sandkuchen)

1 Die Erdbeeren waschen und auf Küchenpapier abtropfen lassen, die vier schönsten für die Dekoration beiseitelegen. Aus den übrigen die grünen Kelchblätter herausdrehen, die Beeren klein schneiden und in eine Schüssel geben.

2 Die Orange auspressen. 4 EL Orangensaft und ½ EL Zucker zu den Erdbeeren geben und untermischen. Zugedeckt beiseitestellen, bis die Sahne geschlagen ist.

3 Die Vanilleschote mit einem spitzen Messer längs aufschneiden und das Mark mit dem Messerrücken aus den Schotenhälften herauskratzen. Sahne, übrigen Zucker (½ EL) und das Vanillemark in einen hohen Rührbecher geben und mit dem Handrührgerät in 2–3 Min. aufschlagen (siehe Spickzettel).

4 Den Biskuit in die Gläser bröseln. Den übrigen Orangensaft und, nach Belieben, den Orangenlikör darüberträufeln. Zuerst die marinierten Erdbeeren samt Saft darauf verteilen, dann die Vanillesahne daraufgeben und mit den beiseitegelegten Erdbeeren garnieren.

VARIANTE

Für ein **Sherry-Trifle mit Himbeeren** 200 g Himbeeren vorsichtig waschen und auf Küchenpapier abtropfen lassen (oder TK-Himbeeren auftauen lassen). Wie beschrieben hellen Biskuit in die Gläser bröseln und mit je 3 EL Sherry medium beträufeln. Die Himbeeren darauf verteilen und die Vanillesahne daraufgeben. Nach Belieben 1 EL Pistazienkerne grob hacken und darüberstreuen.

INFO

Vanilleschoten sind unvergleichlich aromatisch, leider aber auch teuer. Bei den meisten Rezepten in diesem Buch kann die Vanilleschote durch 1 Päckchen Vanillezucker ersetzt werden. Bei diesem Rezept lohnt es sich besonders, die Schote zu verwenden.

GUT ZU WISSEN

Trifles kann man sehr gut schon einige Stunden vor dem Essen zubereiten, ein wenig durchgezogen schmecken sie sogar noch besser. Die gefüllten Gläser (ohne die Garnierung) zum Schutz vor Kühlschrankgerüchen mit Frischhaltefolie abdecken und in den Kühlschrank stellen.

Start ins Sommermenü: ein Muss beim Gartenfest oder Grillabend, schmeckt auch solo superlecker

Nudelsalat mit Kirschtomaten

30 Min. Zubereitung
Bei 6 Portionen pro Portion ca. 505 kcal, 15 g EW, 20 g F, 66 g KH

Für 4–6 Personen

Salz
500 g kurze Nudeln (Spiralen, Farfalle oder Penne)
10 getrocknete Tomaten (in Öl)
1 Bund Basilikum

6 EL Salatmayonnaise (23 % Fettgehalt)
1 Knoblauchzehe
150 g Kirschtomaten
100 g italienische Salami (in dünnen Scheiben)

100 g schwarze Oliven
frisch gemahlener Pfeffer

1 In einem Topf 5 l Wasser zugedeckt zum Kochen bringen. 5 TL Salz hinzufügen. Die Nudeln hineinschütten, einmal umrühren und nach Packungsanweisung in 10–12 Min. offen kochen lassen. Dann in ein Sieb abgießen und kurz mit kaltem Wasser überbrausen, abtropfen und lauwarm abkühlen lassen.

2 Während die Nudeln kochen, die getrockneten Tomaten mit Küchenpapier abtupfen und fein würfeln. Das Basilikum waschen und trocken schütteln, die Blätter abzupfen und fein schneiden. Die Mayonnaise in einer Salatschüssel mit den getrockneten Tomaten und dem Basilikum verrühren. Den Knoblauch schälen und dazupressen oder fein hacken und dazugeben (siehe Spickzettel).

3 Die Kirschtomaten waschen und vierteln, nach Belieben die Stielansätze entfernen. Die Salami in Stücke zupfen. Alles mit den abgetropften Nudeln und den Oliven unter die Tomaten-Basilikum-Mayonnaise mischen und mit Pfeffer abschmecken. Den Salat gleich essen oder zugedeckt in den Kühlschrank stellen. 30 Min. vor dem Essen herausnehmen, damit er nicht zu kalt ist.

VARIANTEN

Statt Basilikum können Sie auch 1 Bund Rucola kalt waschen, trocken tupfen und die harten Stiele entfernen. Die Blätter klein zupfen und untermischen. Statt Salami schmeckt auch 100 g in feine Streifen geschnittener Schinken (am besten luftgetrockneter wie Serrano- oder Parmaschinken). Wer den Salat als Beilage zum Grillfleisch isst, kann die Salami natürlich auch weglassen.

TIPP FÜR EIN SOMMERFEST

Lassen Sie sich einen bunten Blattsalat mitbringen oder bereiten ihn nach dem Rezept von Seite 16 selber zu (doppelte Menge). Bereiten Sie dafür das Dressing, wie beschrieben, in einem Schraubglas vor und stellen die Salatmischung in der Schüssel bereit. Kurz vor Beginn des Essens gießen Sie das Dressing drüber und mischen den Salat durch. Besonderes Topping: 2–3 EL Pinienkerne ohne Fett in einem Pfännchen bei kleiner Hitze goldbraun rösten. Vorsicht, die aromatischen Samen verbrennen sehr schnell! Also am Herd bleiben und warten, bis sie die richtige Farbe haben. Herausnehmen und abgekühlt über den Salat streuen.

Die passenden Beilagen und den Zeitplan fürs gesamte Menü gibt's auf der nächsten Seite

Nackensteaks vom Grill

30 Min. Zubereitung | mind. 2 Std. Marinieren
bei 6 Portionen pro Portion ca. 370 kcal, 27 g EW, 29 g F, 1 g KH

Für 4–6 Personen

3 Zweige Rosmarin
2 Knoblauchzehen
4 EL Olivenöl

1 TL getrockneter Oregano
2 Bio-Zitronen
8 Schweinenackensteaks (je ca. 120 g)

frisch gemahlener Pfeffer
Salz

1 Den Rosmarin waschen und trocken schütteln, die Nadeln abstreifen und fein hacken. Den Knoblauch schälen und durchpressen oder fein hacken (siehe Spickzettel). Beides mit dem Öl und dem getrockneten Oregano verrühren. Die Zitronen heiß abwaschen, abtrocknen und in dünne Scheiben schneiden **(1).**

2 Die Steaks trocken tupfen, kräftig pfeffern und im Würzöl wenden. Mit den Zitronenscheiben im Wechsel in eine große Schüssel schichten **(2)** und mindestens 2 Std. zugedeckt im Kühlschrank durchziehen lassen.

3 Die Zitronenscheiben entfernen und wegwerfen, die Steaks mit Küchenpapier abtupfen und von jeder Seite 4–5 Min. grillen, mit einer Zange wenden **(3)**. Vor dem Servieren salzen.

VARIANTEN FÜR MARINADEN

Es geht auch ohne frische Kräuter: Einfach das Öl mit dem durchgepressten Knoblauch und 1 EL getrockneten Kräutern der Provence (gibt's als fertige Mischung im Gewürzregal) verrühren. Ebenfalls lecker: Je 1 TL Kreuzkümmelsamen und Korianderkörner im Mörser grob zerstoßen und mit dem Knoblauch unter das Öl rühren.

GUT ZU WISSEN

Salz oder nicht Salz, das ist hier die Frage ...
Geben Sie **kein Salz in Marinaden**! Es würde dem Fleisch den Saft entziehen und es trocken und faserig werden lassen. Das Phänomen lässt sich beobachten, wenn man ein Steak oder Schnitzel zu früh salzt und eine Zeitlang liegen lässt. Es bilden sich kleine Tröpfchen an der Oberfläche, die aussehen als würde das Fleisch schwitzen.
Manche Köche salzen Fleisch grundsätzlich nach dem Braten. Da gibt es unterschiedliche Meinungen: Bei kurz gebratenem Fleisch wie **Schnitzel oder Steak** ist beides möglich, Sie können die Stücke also entweder kurz (!) vor dem Braten salzen oder das Salz (z. B. grobkörniges Meersalz) auf das fertige Gericht streuen. **Große Braten** sollte man immer vor der Zubereitung salzen. Aus Salz und Fleischeiweiß bilden sich beim Anbraten im Fett nämlich köstliche Röstaromen, die man später nicht mehr so gut hinbekommt.

Grillgemüse und Folienkartoffeln mit Dip

1 Std. Zubereitung
Bei 6 Portionen pro Portion ca. 195 kcal, 3 g EW, 16 g F, 9 g KH

Für 4–6 Personen

Für das Gemüse
2 Zucchini
4 EL Olivenöl
1 TL getrockneter Thymian
1 Knoblauchzehe
2–3 Rispen Kirschtomaten
   (ca. 250 g)

Für die Kartoffeln
4–6 große mehligkochende Kartoffeln
   (je ca. 300 g)
1–2 EL Olivenöl
Salz
Für den Dip
je 100 g Joghurt und Schmand

1 EL Zitronensaft
1 EL Olivenöl
Salz, frisch gemahlener Pfeffer, Zucker
1 Bund Schnittlauch
Außerdem
Alu-Grillschalen
Alufolie

1 Die Zucchini waschen und ohne den Stielansatz schräg in ca. ½ cm dicke Scheiben schneiden. Das Öl mit dem Thymian verrühren, den Knoblauch schälen und dazupressen oder fein hacken (siehe Spickzettel) und unterrühren. Die Tomatenrispen vorsichtig waschen, auf Küchenpapier abtropfen lassen und, je nach Personenzahl, in 4–6 kleinere Rispen teilen.

2 Die Kartoffeln gründlich waschen (evtl. abbürsten) und abtrocknen. Rundherum einige Male mit einer Gabel einstechen und mit etwas Öl einreiben. Jede Kartoffel in ein Stück Alufolie wickeln. Sobald das Grillfeuer so weit ist, die Folienkartoffeln in die Glut legen und ca. 45 Min. garen.

3 Für den Dip Joghurt und Schmand mit dem Zitronensaft, dem Öl und je 1 Prise Salz, Pfeffer und Zucker verrühren. Den Schnittlauch kalt waschen, trocken schütteln, in feine Röllchen schneiden und unterrühren.

4 Ca. 15 Min. bevor die Kartoffeln fertig sind, die Alu-Grillschalen mit etwas Würzöl einstreichen und das Gemüse darin verteilen. Die Schalen eher an den Rand des Grills stellen und das Gemüse mit dem Würzöl bestreichen. 10–12 Min. grillen, dabei gelegentlich wenden. Zum Schluss leicht salzen.

5 Die Kartoffeln mit einer Zange aus dem Feuer holen, mit Topfhandschuhen die Folie öffnen und die Kartoffeln aufbrechen. Leicht salzen und jeweils 1 Klecks Schnittlauchdip draufsetzen. Mit dem Gemüse (und den Steaks von Seite 68) servieren.

ZEITPLAN FÜR DAS SOMMERMENÜ

Die Steaks kann man schon am Vorabend einlegen. Ca. 2 Std. vor dem Essen mit den Vorbereitungen anfangen:
1 Nudelsalat zubereiten. **2** Grillfeuer entfachen. **3** Kartoffeln, Gemüse und Dip vorbereiten. **4** Kartoffeln in die Glut. **5** 30 Min. später das Gemüse am Rand und die Steaks in der Grillmitte zubereiten. Als sommerlich erfrischenden Abschluss (gekauftes) **Zitroneneis** auf Gläser verteilen und mit eiskaltem Sekt aufgießen.

Kalbfleisch-Kürbis-Ragout

1 Std. Zubereitung
Pro Portion ca. 330 kcal, 41 g EW, 14 g F, 8 g KH

Für 4 Personen

1 Bio-Orange	1 EL Tomatenmark
1 Knoblauchzehe	1 gehäufter TL gemahlener
1 große rote Chilischote	Kreuzkümmel
800 g Kalbsgulasch	Salz
600 g Hokkaido-Kürbis	**Außerdem**
1 große Zwiebel	knuspriges Fladenbrot zum Dazuessen
3 EL neutrales Öl	

1 Die Orange heiß abwaschen und abtrocknen, erst die Schale fein abreiben (siehe Spickzettel), dann den Saft auspressen. Den Knoblauch schälen, die Chilischote längs aufschneiden, entkernen und waschen. Beides fein hacken bzw. schneiden (siehe Spickzettel). Das Fleisch mit Küchenpapier trocken tupfen und in einer Schüssel mit Orangenschale, Knoblauch und Chili vermengen **(1)**.

2 Den Kürbis gründlich waschen und abtrocknen, dann mit einem großen Messer halbieren, die Fasern und Kerne mit einem Löffel herauskratzen und wegwerfen. Die Hälften samt Schale in ca. 2 cm große Würfel schneiden **(2)**. Die Zwiebel schälen und fein würfeln (siehe Spickzettel).

3 Einen Topf auf mittlerer Stufe erhitzen und das Öl hineingeben. Das Fleisch darin 3 Min. rundherum anbraten. Wenn das Fleisch schön goldbraun ist und keine rohen Stellen mehr zu sehen sind, Zwiebel, Tomatenmark, Kreuzkümmel und ¼ TL Salz unterrühren, 1 Min. mitbraten. Den Kürbis dazugeben und unterrühren **(3)**. Mit dem Orangensaft und 100 ml Wasser ablöschen und 20 Min. bei mittlerer Hitze zugedeckt schmoren lassen, gelegentlich umrühren. Mit Salz abschmecken und mit knusprigem Fladenbrot servieren.

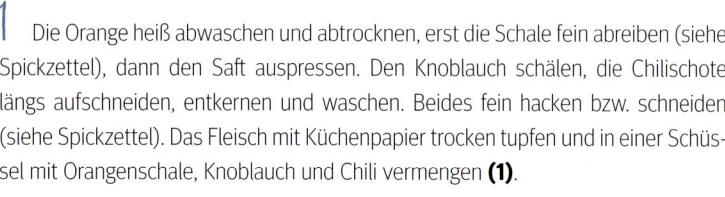

Rindergulasch

30 Min. Zubereitung | 1 ½ Std. Schmoren
Pro Portion ca. 250 kcal, 17 g EW, 10 g F, 26 g KH

Für 4 Personen
800 g Rindergulasch
2 große Zwiebeln
1 Knoblauchzehe
1 TL ganzer Kümmel
2 EL Butterschmalz
2 EL edelsüßes Paprikapulver
1 EL Essig
Salz, frisch gemahlener Pfeffer
1 EL Tomatenmark
1 TL getrockneter Majoran
Außerdem
frische Brötchen zum Dazuessen

1 Das Fleisch mit Küchenpapier trocken tupfen. Die Zwiebeln schälen und fein hacken (siehe Spickzettel). Den Knoblauch schälen und mit dem Kümmel fein hacken.

2 Das Schmalz in einem Topf oder Schmortopf bei mittlerer Hitze zerlassen. Die Zwiebeln darin in 3–4 Min. unter Rühren goldgelb anbraten. Das Paprikapulver unterrühren, mit dem Essig und 4 EL Wasser ablöschen und in 1–2 Min. einkochen lassen.

3 Das Fleisch salzen und pfeffern, hinzufügen und 5 Min. unter gelegentlichem Umrühren anbraten. Die Knoblauch-Kümmel-Mischung, das Tomatenmark und den Majoran dazugeben und 1 Min. mitbraten. Mit 400 ml Wasser ablöschen, aufkochen und das Gulasch zugedeckt bei kleiner Hitze ca. 1 ½ Std. schmoren lassen, gelegentlich umrühren. Mit knusprigen Brötchen servieren.

GUT ZU WISSEN

Für ein saftiges Gulasch eignet sich Fleisch von der Rinderwade am besten; Fleisch aus Hüfte oder Schulter geht auch. Der Metzger schneidet es auf Wunsch auch gleich in ca. 3 cm große Würfel. Keine Sorge übrigens wegen der langen Garzeit! Sie müssen nur gelegentlich (ca. alle 20 Min.) umrühren, ansonsten macht sich das Gulasch so gut wie von selbst.

ZU VIEL SALZ ERWISCHT?
DAS HILFT!

Das Gulasch ist versalzen? Es gibt mehrere Möglichkeiten, es zu retten:

→ Man kann beispielsweise Wasser an das Gulasch geben, das nennt man »die Sauce verlängern«. Dadurch geht natürlich auch Aroma verloren, also das Gulasch eventuell mit Pfeffer, Majoran oder Essig nachwürzen. Mit der gleichen Methode lassen sich auch versalzene Suppen retten.

→ Möglichkeit 2: Sahne angießen (erst wenig und bei Bedarf mehr) und etwas einkochen lassen. Aus dem Gulasch würde dadurch ein Rahmgulasch. Auf diese Weise werden auch cremige Suppen milder.

→ Trick Nummer 3: Kartoffeln saugen Salz auf. Je nach Menge (und Salzgehalt) 1–3 große Kartoffeln schälen und in ca. 3 cm große Würfel schneiden. Die Gulaschsauce mit etwas Wasser verlängern, die Kartoffelwürfel unterrühren und ca. 10 Min. bei kleiner Hitze mitkochen lassen.

→ Den Kartoffeltrick kann man bei Suppen und Saucen übrigens auch anwenden, wenn die Kartoffeln nicht zum Gericht passen: dann die Kartoffeln in grobe Stücke schneiden (damit man sie besser wieder herausfischen kann), ca. 12 Min. mitkochen und wieder entfernen. Essen gerettet!

Ein unvergleichlicher Duft aus dem Backofen kündigt an: Herbstdessert ist fertig!

Bratäpfel mit Marzipanfüllung

20 Min. Zubereitung | 45 Min. Backen
Pro Portion ca. 290 kcal, 3 g EW, 17 g F, 26 g KH

Für 4 Personen

1 Bio-Zitrone	4 säuerliche Äpfel (z. B. Boskop	40 g Butter
10 Walnusshälften	oder Braeburn)	Außerdem
80 g Marzipanrohmasse	100 ml Weißwein (ersatzweise Apfelsaft)	ofenfeste Form

1 Die Zitrone heiß waschen, abtrocknen und ½ TL Schale fein abreiben (siehe Spickzettel), anschließend den Saft auspressen. Die Walnüsse grob hacken. Die Marzipanmasse mit der Zitronenschale und den Walnüssen mit den Händen verkneten und in vier Portionen teilen.

2 Den Backofen auf 180° (Umluft 160°) vorheizen. Die Äpfel waschen und abtrocknen. Von oben den Stiel mit einem spitzen Messer herausschneiden. Das Kerngehäuse ebenfalls herausschneiden, das geht am besten mit einem Apfelausstecher (falls vorhanden) oder dem kleinen spitzen Messer. Am Ende soll eine Höhlung von ca. 1 ½ cm Durchmesser entstanden und das Kerngehäuse vollständig entfernt sein. Die Höhlung mit je 1 EL Zitronensaft ausreiben.

3 Die Äpfel nebeneinander in eine ofenfeste Form setzen und die Marzipanmischung in die Äpfel drücken. Den Weißwein darübergießen und die Butter in kleinen Stücken auf den Äpfeln verteilen. Die Bratäpfel im heißen Ofen (Mitte) ca. 45 Min. backen.

TIPP

Die Bratäpfel lassen sich gut vorbereiten und müssen dann nur noch in den Ofen geschoben werden, während sich alle das Ragout oder Gulasch schmecken lassen.

VARIANTEN

Statt der Zitrone und dem Wein oder Apfelsaft können Sie auch 1 Bio-Orange verwenden: Die Orange heiß waschen, abtrocknen, von einer Hälfte die Schale fein abreiben und den Saft auspressen. Die Orangenschale wie beschrieben mit den gehackten Walnüssen unter das Marzipan kneten und die Äpfel damit füllen. Den Orangensaft dazugießen, Butterstückchen auf die Äpfel setzen und diese im heißen Ofen backen.
Statt mit der Marzipanmischung kann man die Äpfel auch mit Preiselbeeren füllen: Die ausgehöhlten Äpfel mit Zitronensaft ausreiben, in die Form setzen und mit je 1 EL Preiselbeeren (aus dem Glas) füllen. Die Äpfel mit zerlassener Butter bestreichen und je 1 TL Mandelstifte so daraufstreuen, dass sie an den Äpfeln haften bleiben.

Kürbiscremesuppe

45 Min. Zubereitung
Pro Portion ca. 135 kcal, 2 g EW, 6 g F, 16 g KH

Für 4 Personen

1 kleiner Hokkaido-Kürbis (ca. 1 kg)	¾ l Gemüsebrühe (Instant)	1–2 EL Zitronensaft
1 Zwiebel	2 EL Öl	4 EL Kürbiskernöl (nach Belieben)
2 säuerliche Äpfel	Salz, frisch gemahlener Pfeffer	
(z. B. Braeburn oder Boskop)	frisch geriebene Muskatnuss	

1 Den Kürbis gründlich waschen und abtrocknen. Mit einem großen Messer halbieren, die Fasern und Kerne mit einem Löffel herauskratzen und wegwerfen. Die Hälften samt Schale, wie auf Seite 72 gezeigt, in Stücke schneiden (die Stücke müssen nicht gleich groß sein, weil sie später ohnehin püriert werden). Die Zwiebel schälen und fein würfeln (siehe Spickzettel). Die Äpfel vierteln, schälen, das Kerngehäuse herausschneiden und die Viertel grob zerkleinern. 2 TL gekörnte Gemüsebrühe in ¾ l heißem Wasser auflösen.

2 Einen Suppentopf auf mittlerer Stufe erhitzen, das Öl hineingeben und die Zwiebel darin 1 Min. anbraten. Kürbis und Äpfel hinzufügen und 2 Min. mitbraten. Die Gemüsebrühe dazugießen, aufkochen und bei mittlerer Hitze zugedeckt ca. 20 Min. kochen lassen.

3 Den Topf vom Herd nehmen und die Suppe mit dem Pürierstab fein pürieren. Mit Salz, Pfeffer, 1 Prise Muskatnuss und etwas Zitronensaft würzig abschmecken (auch hier mit kleinen Mengen beginnen, probieren und sich an die ideale Würze herantasten). Die Kürbissuppe auf vier Suppenschalen oder tiefe Teller verteilen und, wenn gewünscht, je 1 EL Kürbiskernöl darüberträufeln.

VARIANTE

Für eine **Kartoffelsuppe** für 4 Personen 2 Möhren schälen und in dünne Scheiben schneiden. Von 1 dünnen Stange Lauch die Wurzeln und einen Teil des dunklen Grüns entfernen. Die Stange längs aufschlitzen, gründlich waschen und in dünne Ringe schneiden. 500 g mehligkochende Kartoffeln schälen und ca. 3 cm groß würfeln. In einem Topf 2 EL Öl erhitzen. Die Möhren und den Lauch darin 2 Min. unter Rühren anbraten. Die Kartoffeln hinzufügen und ¾ l Gemüsebrühe dazugießen. Aufkochen und ca. 15 Min. zugedeckt bei mittlerer Hitze kochen lassen. Den Topf vom Herd nehmen und alles mit einem Kartoffelstampfer grob zerkleinern (nicht mit dem Pürierstab). Die Kartoffelsuppe mit Salz, Pfeffer und 1 Prise Muskatnuss abschmecken. Wer mag, streut vor dem Servieren noch etwas fein gehackte Petersilie darüber.

Noch ein Klassiker aus Omas Küche, der nur etwas Geduld beim Schmoren braucht

Rinderrouladen mit Petersilienkartoffeln

45 Min. Zubereitung | 1 Std. Schmoren
Pro Portion ca. 505 kcal, 16 g EW, 28 g F, 44 g KH

Für 4 Personen

Für die Rouladen
4 Zwiebeln
2 Gewürzgurken (aus dem Glas)
100 g durchwachsener Räucherspeck (ohne Schwarte)
4 dünne Rinderrouladen (je ca. 180 g)
Salz, frisch gemahlener Pfeffer

2 EL mittelscharfer Senf
400 ml Fleisch- oder Gemüsebrühe (Instant)
2 EL neutrales Öl
1 gestrichener EL Mehl

Für die Petersilienkartoffeln
800 g festkochende Kartoffeln
Salz
1 Bund Petersilie
1 EL Butter
Außerdem
Holzspießchen oder Küchengarn

1 Für die Rouladen die Zwiebeln schälen und fein hacken (siehe Spickzettel). Gewürzgurken und Speck in Streifen schneiden. Die Rouladen auf der Arbeitsfläche ausbreiten, mit Küchenpapier trocken tupfen, salzen und pfeffern. Mit je ½ EL Senf bestreichen und je 2 EL Zwiebelwürfel daraufstreuen (den Rest beiseitestellen) **(1)**. Mit Speck- und Gurkenstreifen belegen, dabei einen Rand von ca. 2 cm frei lassen. Die Rouladen von der Schmalseite her fest aufrollen, die Seiten dabei nach innen schlagen, sodass die Füllung nicht herausquellen kann **(2)**. Mit Spießchen feststecken oder mit Küchengarn binden. 1 TL gekörnte Brühe in 400 ml heißem Wasser auflösen.

2 Einen Topf oder Schmortopf auf mittlerer Stufe erhitzen, das Öl hineingeben und die Rouladen darin bei mittlerer Hitze auf allen Seiten 4–5 Min. anbraten **(3)**. Herausnehmen, die übrigen Zwiebeln anbraten und mit der Hälfte der Brühe ablöschen. Die Rouladen wieder hineinlegen und zugedeckt bei kleiner Hitze ca. 1 Std. schmoren, dabei alle 15 Min. die Sauce umrühren und nach und nach die übrige Brühe dazugießen.

3 Inzwischen die Kartoffeln schälen und in ca. 3 cm große Würfel schneiden. In einen Topf geben, knapp mit Wasser bedecken und ½ TL Salz hinzufügen. Kartoffeln 15 Min. vor Ende der Rouladengarzeit auf den Herd setzen, aufkochen und bei mittlerer Hitze zugedeckt 10–12 Min. kochen lassen. Inzwischen die Petersilie waschen und trocken schütteln, die Blätter abzupfen und fein schneiden. Die Kartoffeln in ein Sieb abgießen, sofort zurück in den Topf geben und Petersilie und Butter dazugeben. Den Deckel auflegen und den Topf kräftig rütteln, bis alle Kartoffelstücke mit Petersilienbutter umhüllt sind.

4 Die Rouladen auf einen Teller legen. Für einen »gestrichenen« EL Mehl 1 EL Mehl entnehmen und mit dem Finger darüberstreichen – so wird das Mehl entfernt, das nicht in der Löffelmulde Platz hat. Das Mehl in einer Tasse mit 2 EL kaltem Wasser glatt rühren, mit einem Schneebesen unter die Sauce rühren und diese aufkochen lassen, bis sie sämig wird. Die Rouladen von Spießchen oder Garn befreien. Die Kartoffeln auf vier Teller verteilen und die Rouladen mit der Sauce daneben anrichten.

1

2

3

Schnelle Mousse au chocolat

15 Min. Zubereitung | 1 Std. Kühlen
Pro Portion ca. 435 kcal, 8 g EW, 36 g F, 21 g KH

Für 4 Personen

200 g Sahne	**Außerdem**
1 Päckchen Vanillezucker	ein paar Früchte zum Dekorieren
200 g Zartbitterschokolade	(z. B. Kiwis, Physalis)
(70 % Kakaoanteil)	
3 frische, zimmerwarme Eiweiß	

1 Die Sahne mit dem Vanillezucker in einen hohen Rührbecher geben und mit dem Handrührgerät in ca. 2 Min. steif schlagen (siehe Spickzettel). Die Schokolade grob hacken bzw. in Stücke brechen. Für ein heißes Wasserbad in einen größeren Topf 5 cm hoch Wasser füllen und erhitzen. Die Schokolade in einen kleineren Topf oder eine Metallschüssel geben, diesen über das siedende Wasser hängen **(1)** und die Schokolade langsam schmelzen lassen.

2 Die zimmerwarmen Eiweiße mit dem Schneebesen in ca. 3 Min. zu weichem Schnee schlagen **(2)**. Das macht ein bisschen mehr Mühe als mit dem Handrührgerät (siehe Spickzettel), aber mit dem Schneebesen schlägt man mehr Luft unter die Masse. (Und weil anschließend die warme Schokolade untergerührt wird, sollten die Eier zimmerwarm sein.)

3 Die geschmolzene Schokolade zum Eischnee geben und mit dem Teigspatel unterziehen, d. h. mit sanften Bewegungen unterheben, sodass die Masse schön luftig bleibt. Die Schlagsahne daraufhäufen und ebenso sanft unterheben **(3)**. Die Mousse auf vier Gläser oder Schalen verteilen und zugedeckt 1 Std. in den Kühlschrank stellen. Die Früchte waschen bzw. schälen, klein schneiden und die Mousse au chocolat damit garnieren.

Gemüse-Antipasti

45 Min. Zubereitung
Pro Portion ca. 285 kcal, 6 g EW, 26 g F, 6 g KH

Für 2 Personen

1 kleine Aubergine (250 g)	1 Knoblauchzehe
Salz	250 g Austernpilze
1 mittelgroßer Zucchino (ca. 200 g)	½ Bund Petersilie
5 EL Olivenöl	1 Zitrone
½ TL getrockneter Thymian	frisch gemahlener Pfeffer

Außerdem
Backpapier
knuspriges Weißbrot zum Dazuessen

1 Die Aubergine waschen und ohne den Stielansatz quer in ca. 3 mm dicke Scheiben schneiden. Jede Scheibe mit ein wenig Salz bestreuen, in einer Schüssel aufeinanderstapeln und 10 Min. Wasser ziehen lassen. Das entzieht der Aubergine Bitterstoffe und sorgt dafür, dass sie beim Braten nicht so viel Fett aufsaugt.

2 Den Backofen auf 220° (Umluft 200°) vorheizen, ein Blech mit Backpapier belegen. Den Zucchino waschen und ohne den Stielansatz längs in ca. 3 mm dünne Scheiben schneiden. 3 EL Olivenöl in einem Schälchen mit dem Thymian verrühren. Den Knoblauch schälen und dazupressen oder fein hacken (siehe Spickzettel).

3 Die Zucchinischeiben auf das Blech legen. Die Auberginenscheiben mit den Händen ausdrücken, mit Küchenpapier trocken tupfen und ebenfalls auf dem Blech verteilen. Alles mit dem Thymian-Knoblauch-Öl bestreichen und ca. 15 Min. im heißen Ofen backen, zur Halbzeit einmal mit einer Zange wenden und mit dem übrigen Würzöl bestreichen.

4 Inzwischen die Austernpilze mit Küchenpapier trocken abreiben (nicht waschen) und die harten Stiele entfernen. Die Kappen in mundge-

rechte Stücke schneiden. Die Petersilie waschen und trocken schütteln, die Blätter abzupfen und fein schneiden. Die Zitrone heiß waschen, abtrocknen und halbieren.

5 Eine Pfanne auf höchster Stufe erhitzen, das übrige Olivenöl (2 EL) hineingeben und die Austernpilze darin 3–4 Min. unter Rühren braten, bis sie goldbraun sind. Die Petersilie dazugeben, 1 Min. mitbraten und mit Salz und Pfeffer würzen. Auf zwei Teller geben.

6 Das Blech aus dem Ofen nehmen, Zucchini- und Auberginen salzen und neben den Pilzen anrichten. Die Zitronenhälften dazulegen, jeder träufelt sich Saft nach Geschmack übers Gemüse. Dazu schmeckt knuspriges Weißbrot.

TIPP

Neben Zucchini und Auberginen können Sie auch in dünne Scheiben geschnittenen Fenchel mit aufs Blech geben. Die Gemüse-Antipasti schmecken übrigens auch kalt, Sie können sie also gut schon einige Stunden vorher zubereiten.

TAG 16
SONNTAG

Ein Meilenstein für jeden Neuling in der Küche: ein richtig gutes Steak braten – so gelingt's!

Steaks mit Rosmarinkartoffeln

40 Min. Zubereitung
Pro Portion ca. 530 kcal, 47 g EW, 25 g F, 30 g KH

Für 2 Personen

500 g festkochende Kartoffeln	Salz, frisch gemahlener Pfeffer
2 Zweige Rosmarin	2 EL Kräuterfrischkäse
3 EL Olivenöl	Außerdem
2 Rumpsteaks (ca. 2 cm dick, je ca. 180 g)	Backpapier

1 Den Backofen auf 200° (Umluft 180°) vorheizen, ein Blech mit Backpapier belegen. Die Kartoffeln schälen und in ca. 3 cm große Würfel schneiden. Den Rosmarin waschen und trocken schütteln, die Nadeln abzupfen. Kartoffeln mit Rosmarinnadeln und 1 EL Olivenöl in einer Schüssel mischen, sodass alle Kartoffelstückchen davon benetzt sind. Die Kartoffeln auf dem Blech verteilen **(1)** und im heißen Ofen (Mitte) ca. 30 Min. backen, dabei zweimal wenden. Steaks jetzt schon aus dem Kühlschrank nehmen.

2 Ca. 10 Min. vor Ende der Kartoffelgarzeit die Steaks trocken tupfen und den Fettrand mehrfach einschneiden **(2)**. Die Steaks auf beiden Seiten salzen. Eine Pfanne auf mittlerer Stufe erhitzen, das übrige Öl (2 EL) hineingeben und die Steaks einlegen. Für saftige Steaks mit zartrosa Kern (der Fachausdruck ist medium) 2 Min. braten, dann mit der Zange wenden **(3)**, etwas Pfeffer über die gebratene Seite mahlen und die Steaks auf der anderen Seite in 2 Min. fertig braten. Für blutige Steaks (rare) nur 1 Min. pro Seite, für durchgebratene Steaks (well done) auf jeder Seite ca. 3 Min. braten. Die Pfanne vom Herd nehmen und die Steaks 2 Min. darin ruhen lassen.

3 Die Rosmarinkartoffeln aus dem Ofen nehmen, salzen und mit dem Kräuterfrischkäse auf zwei Teller geben, die Steaks danebenlegen.

Flammkuchen

50 Min. Zubereitung
Pro Portion ca. 900 kcal, 32 g EW, 28 g F, 129 g KH

Für 2 Personen
4 Scheiben TK-Hefeteig (450 g)
80 g durchwachsener Räucherspeck
   (ohne Schwarte)
½ Kopf Salat (z. B. Eisbergsalat)
1 kleine Dose Maiskörner
   (140 g Abtropfgewicht)
200 g saure Sahne
1 TL mittelscharfer Senf
2–3 EL Zitronensaft
Salz, frisch gemahlener Pfeffer, Zucker
4 Frühlingszwiebeln
Außerdem
Backpapier
Mehl für die Arbeitsfläche

1 Den Hefeteig auftauen lassen. Jeweils zwei Scheiben zusammen ca. 1 Min. mit warmen Händen durchkneten und zu einer Kugel formen. Die beiden Teigkugeln 30 Min. mit einem sauberen Geschirrtuch abgedeckt bei Zimmertemperatur »gehen«, also ruhen und das Volumen vergrößern lassen.

2 Inzwischen den Speck fein würfeln. Den Salat waschen, in einem Sieb abtropfen lassen und in Stücke zupfen. Den Mais in ein Sieb abgießen und abtropfen lassen. 100 g saure Sahne, Senf und Zitronensaft in einer Salatschüssel mit je 1 Prise Salz, Pfeffer und Zucker verrühren.

3 Den Backofen auf 220° (Umluft 200°) vorheizen, ein Blech mit Backpapier belegen. Den Teig auf der bemehlten Arbeitsfläche mit einer Teigrolle zu zwei ovalen Fladen von 30 cm Länge ausrollen und nebeneinander auf das Blech legen. Mit je 50 g saurer Sahne bestreichen, dabei jeweils einen Rand von ca. 2 cm frei lassen. Den Speck darauf verteilen und leicht pfeffern. Im Ofen (Mitte) in 12–15 Min. knusprig braun backen.

4 Die Frühlingszwiebeln putzen, waschen und in feine Ringe schneiden (siehe Spickzettel). Die Flammkuchen aus dem Ofen nehmen und mit den Frühlingszwiebelringen bestreuen. Salat und Mais mit dem Dressing mischen und dazu servieren.

VARIANTE

Ebenso einfach geht **Pizzabrot**: 1 kleine Packung stückige Tomaten (370 g) mit 2 EL Olivenöl verrühren. 1 Knoblauchzehe schälen und dazupressen (siehe Spickzettel). Die ausgerollten Fladen mit der Tomatenmischung bestreichen (Rand frei lassen). Jeweils 1 TL getrockneten Oregano darüberstreuen. 1 Kugel Mozzarella abtropfen lassen, fein würfeln und auf die Tomaten streuen. Im heißen Ofen, wie beschrieben, backen. Dazu schmeckt ein bunter Salat.

HEFETEIG – GANZ LEICHT SELBST GEMACHT

→ Heizung an und Fenster zu – Hefeteig braucht bei der Zubereitung einen warmen, zugluftfreien Ort!

→ 300 g Mehl in eine Schüssel sieben, in die Mitte eine Mulde drücken. ½ Würfel frische Hefe (21 g; gibt's im Kühlregal) mit ¼ TL Zucker in 150 ml lauwarmem Wasser auflösen und in die Mulde gießen. Mit einem Küchentuch abgedeckt 30 Min. gehen lassen, d. h. die Hefepilze beginnen zu arbeiten und bilden Blasen. Dann 1 TL Salz und 2 EL Olivenöl dazugeben, untermischen und alles auf die Arbeitsfläche geben. Nun ca. 5 Min. kräftig mit den Händen durchkneten, bis ein elastischer Teig entsteht. Diesen zu einer Kugel formen und zugedeckt ca. 1 Std. gehen lassen, bis er sein Volumen verdoppelt hat. Braucht etwas Zeit, ist aber wirklich nicht schwierig!

Geschnetzeltes mit Spätzle

30 Min. Zubereitung
Pro Portion ca. 620 kcal, 42 g EW, 30 g F, 38 g KH

Für 2 Personen
300 g Kalbsschnitzel
200 g weiße oder braune Champignons
1 Schalotte
3–4 Zweige Thymian
1 EL Butterschmalz
Salz, frisch gemahlener Pfeffer
100 ml Weißwein (ersatzweise Gemüsebrühe
    + 1 EL Zitronensaft)
100 g Sahne
frisch geriebene Muskatnuss
1 TL Butter
250 g Spätzle (aus der Kühltheke oder selbst
    gemacht, siehe Variante Seite 132)

1 Das Fleisch mit Küchenpapier trocken tupfen und in Streifen schneiden. Die Pilze vorbereiten (siehe rechts) und in Scheiben schneiden. Die Schalotte schälen und fein hacken (siehe Spickzettel). Den Thymian waschen und trocken schütteln, die Blättchen abstreifen und fein hacken.

2 Die Hälfte des Butterschmalzes in einer Pfanne zerlassen. Das Fleisch darin 2–3 Min. bei mittlerer Hitze anbraten, salzen und pfeffern. Herausnehmen und auf einen Teller legen. Das übrige Butterschmalz (½ EL) in die Pfanne geben. Schalotte und Pilze darin 4–5 Min. bei mittlerer Hitze braten. Mit dem Weißwein (oder der Brühe) ablöschen und die Sauce 2 Min. einkochen lassen.

3 Das Fleisch wieder in die Pfanne geben, die Sahne dazugießen und alles bei kleiner Hitze 6–8 Min. zugedeckt schmoren, bis die Sauce cremig wird. Mit Salz, Pfeffer, 1 Prise Muskatnuss, Thymian und – falls Sie Brühe statt Wein verwenden – mit dem Zitronensaft abschmecken.

4 Die Butter in einer anderen Pfanne zerlassen. Die Spätzle darin bei kleiner Hitze 3–4 Min. unter gelegentlichem Umrühren erwärmen. Mit dem Geschnetzelten auf zwei Tellern anrichten.

VARIANTE

Für ein fleischloses **Pilzragout** 3 g getrocknete Steinpilze 15 Min. in 100 ml warmem Wasser einweichen. Inzwischen 400 g frische Pilze (z. B. braune Champignons) putzen und in Scheiben schneiden. 1 Zwiebel schälen und fein hacken. 1 EL Butterschmalz in einer Pfanne zerlassen und die frischen Pilze darin 3 Min. anbraten. Die eingeweichten Pilze ausdrücken, fein hacken, mit den Zwiebeln unterrühren und 1 Min. mitbraten. Das Einweichwasser vorsichtig dazugießen (falls die getrockneten Pilze Sand enthielten, setzt sich dieser auf dem Boden des Gefäßes ab). 100 g Sahne hinzufügen, mit Salz, Pfeffer, Thymian würzen. 6–8 Min. zugedeckt schmoren lassen, bis das Ragout cremig eingekocht ist.

PILZE VORBEREITEN – SO GEHT´S GANZ LEICHT

→ Am besten Pilze nicht waschen, weil sie sich schnell mit Wasser vollsaugen. Zuchtpilze wie weiße und braune Champignons (die braunen heißen auch Egerlinge) und Austernpilze wachsen auf Stroh und müssen daher sowieso nicht gewaschen werden. Am besten die Stielenden abschneiden und die Pilze nur trocken mit Küchenpapier abreiben.

→ Waldpilze wie Pfifferlinge wachsen in der Erde, die sich oft in den Lamellen festsetzt. Man kann sie mit einem Pinsel säubern. Wenn das nicht ausreicht, hilft folgender Trick: 1 EL Mehl in 2 l kaltes Wasser geben, die Pilze hineinlegen und einige Sekunden darin hin- und herbewegen. Das Mehl bindet den Schmutz und verhindert gleichzeitig, dass die Pilze sich wie Schwämme vollsaugen. Die Pilze schnell herausheben und auf Küchenpapier abtropfen lassen.

Egal, welche Variante dieser Wunderpaste Pesto – alle lassen sich bestens auf Vorrat zubereiten

Pasta mit Walnuss-Pesto

20 Min. Zubereitung
Pro Portion ca. 685 kcal, 22 g EW, 31 g F, 79 g KH

Für 2 Personen

je ½ Bund Petersilie und Basilikum	50 g Walnusskerne
1 Knoblauchzehe	2 EL Walnuss- oder Olivenöl
½ Zitrone	frisch gemahlener Pfeffer
1 Stück Parmesan (ca. 30 g)	Außerdem
Salz	Parmesan zum Bestreuen
200 g Spaghetti	(nach Belieben)

1 Die Petersilie und das Basilikum waschen und trocken schütteln, die Blätter abzupfen. Den Knoblauch schälen und etwas zerkleinern. Die Zitronenhälfte heiß waschen, abtrocknen und ca. ½ TL Schale fein abreiben (siehe Spickzettel). Den Parmesan reiben.

2 In einem Topf zugedeckt 2 l Wasser zum Kochen bringen, 2 TL Salz hinzufügen und die Spaghetti darin in ca. 10 Min. bissfest kochen.

3 Inzwischen Petersilie, Basilikum, Knoblauch und Zitronenschale mit den Walnusskernen und dem Öl in einen hohen Rührbecher geben und mit dem Pürierstab mittelfein pürieren. Die Masse soll nicht ganz glatt sein, man soll noch Nussstückchen oder Kräuterblättchen herausschmecken. Den Parmesan unterrühren und das Pesto mit Salz, Pfeffer und 1 Spritzer Zitronensaft würzig abschmecken. Eine Servierschüssel heiß ausspülen. Das Pesto hineingeben, 4 EL Nudelkochwasser dazugeben und unterrühren.

4 Die Spaghetti in ein Sieb abgießen, sofort in die Schüssel geben und sorgfältig mit dem Pesto vermengen. Auf zwei Teller verteilen und vor dem Servieren nach Belieben mit Parmesan bestreuen.

PESTO – THEMA MIT VARIATIONEN

→ Pesto kommt vom italienischen *pestare* für zerstoßen, zerstampfen. Für den Klassiker Pesto genovese werden Basilikumblätter, Knoblauch und Pinienkerne mit etwas Meersalz im Mörser zerstampft und mit Olivenöl und geriebenem Parmesan zu einer köstlichen Nudelsauce verrührt.

→ Im Prinzip verbünden sich bei Pesto meist frische Kräuter mit Nüssen oder Samen und einem passenden Öl. Geriebener Käse kann dazukommen, muss aber nicht. Manche Pesto-Fans schwören auf die Zubereitung im Mörser, aber mit dem Pürierstab geht's natürlich schneller.

→ Pesto passt übrigens nicht nur zu Nudeln, es schmeckt auch als Aufstrich für Sandwiches und Crostini, als Topping für Suppen oder Füllung für Rouladen.

→ Eine andere Variante geht so: Die Blätter von je ½ Bund Basilikum und Rucola mit 2 EL gerösteten Pinienkernen und 2 EL Olivenöl pürieren. 2 EL geriebenen Pecorino unterrühren – schmeckt fein zu Ziegenkäse.

→ Oder die Blätter von je ½ Bund Petersilie und Estragon mit 2 EL Mandelstiften und 2 EL Sonnenblumenöl pürieren – passt toll zu Kalbsschnitzeln oder Fischfilet.

Es geht auch mit anderen Gemüsesorten – die kräftigen vorkochen, die zarten nur überbacken

Bunter Gemüseauflauf

30 Min. Zubereitung | 30 Min. Backen
Pro Portion ca. 505 kcal, 34 g EW, 25 g F, 37 g KH

Für 2 Personen

2 Möhren (ca. 200 g)	Salz	frisch gemahlener Pfeffer
150 g grüne Bohnen	150 g Frischkäse	frisch geriebene Muskatnuss
1 Stange Lauch	3 EL frisch geriebener Parmesan	Außerdem
2 vorwiegend festkochende Kartoffeln (ca. 200 g, siehe Seite 49)	4 Eier (Größe M)	1 kleine ofenfeste Form (ca. 15 x 20 cm)
	2 gehäufte EL Speisestärke	1 TL Butter für die Form
	150 ml Milch	

1 Die Möhren gründlich waschen oder schälen und schräg in ca. 3 mm dicke Scheiben schneiden. Die Bohnen waschen, die Enden entfernen und die Bohnen in ca. 3 cm lange Stücke schneiden. Den Lauch längs einschneiden, gründlich waschen und bis zum hellgrünen Teil in ca. 1 cm dicke Ringe schneiden. Die Kartoffeln schälen und in ca. ½ cm große Würfel schneiden.

2 In einem Topf 2 l Wasser aufkochen und 2 TL Salz hinzufügen. Das Gemüse und die Kartoffeln 4 Min. im sprudelnd kochenden Wasser bissfest garen. Dann in ein Sieb abgießen und kurz abtropfen lassen.

3 Den Backofen auf 180° (Umluft 160°) vorheizen, die Auflaufform mit der Butter ausstreichen. Das Gemüse in die Form geben. Frischkäse und Parmesan in einer Rührschüssel mit dem Schneebesen verrühren. Nach und nach die Eier dazuschlagen und gut unterrühren. Speisestärke und Milch unterrühren und alles mit Salz, Pfeffer und 1 Prise Muskatnuss würzig abschmecken. Über das Gemüse gießen und den Auflauf im heißen Ofen (Mitte) ca. 30 Min. backen, bis die Oberfläche leicht gebräunt ist.

VARIANTE

Es geht auch ohne Vorkochen: Für einen **Kartoffel-Zucchini-Auflauf** den Backofen auf 200° (Umluft 180°) vorheizen. Eine flache Auflaufform (ca. 15 x 20 cm) mit 1 EL Olivenöl ausstreichen. 2 Zucchini (ca. 300 g) und 3 Strauchtomaten (ca. 200 g) waschen, abtrocknen und in ca. 3 mm dicke Scheiben schneiden, dabei die Stielansätze entfernen. 4–5 Zweige Thymian waschen und trocken schütteln, die Blättchen abstreifen und fein hacken (oder 1 TL getrockneten Thymian verwenden). 4 mittelgroße vorwiegend festkochende Kartoffeln (ca. 300 g) schälen und ebenfalls in ca. 3 mm dicke Scheiben schneiden. 1 Knoblauchzehe schälen, fein hacken und mit 2 EL Olivenöl verrühren. Kartoffel-, Zucchini- und Tomatenscheiben abwechselnd dachziegelartig in die Form legen, mit Salz, Pfeffer und Thymian würzen. Das Knoblauchöl darüberträufeln und 50 g geriebenen Gratinkäse (aus der Kühltheke) darüberstreuen. Den Auflauf im heißen Ofen (Mitte) ca. 45 Min. backen, bis die Kartoffeln weich sind und die Oberfläche schön gebräunt ist.

Checkliste No. 2

WAS HAB ICH BISHER GEKOCHT,

WAS KANN ICH SCHON,

WAS MACH ICH LIEBER SPÄTER MAL ...?

- ☐ Frikadellen braten
- ☐ Kartoffelpüree zubereiten
- ☐ Couscous mit Gemüse garen
- ☐ Eier kochen
- ☐ Grüne Sauce zubereiten
- ☐ Risotto rühren
- ☐ Milchreis kochen
- ☐ Frühlingsmenü zubereiten
- ☐ Sommermenü zubereiten

- ☐ Herbstmenü zubereiten
- ☐ Wintermenü zubereiten
- ☐ Gemüse-Antipasti zubereiten
- ☐ Steaks braten
- ☐ Kartoffeln auf dem Blech garen
- ☐ Flammkuchen backen
- ☐ Geschnetzeltes zubereiten
- ☐ Pesto zubereiten
- ☐ Gemüseauflauf backen

Tag 21 - 30

FAST SCHON PERFEKT

→

Backfisch mit Remouladensauce

45 Min. Zubereitung
Pro Portion ca. 535 kcal, 51 g EW, 17 g F, 15 g KH

Für 2 Personen

Für den Fisch
400 g Fischfilet (z. B. Seelachs oder Goldbarsch; frisch oder TK und aufgetaut, siehe Seite 32)
Salz, frisch gemahlener Pfeffer
2 EL Zitronensaft
3 EL Mehl

1 Ei (Größe M)
80 g Semmelbrösel
neutrales Öl zum Ausbacken
Für die Remoulade
1 Ei (Größe M)
1 Gewürzgurke (aus dem Glas)
1 EL Kapern (aus dem Glas)

2 EL Salatmayonnaise (23 % Fettgehalt)
2 EL Joghurt
1 TL mittelscharfer Senf
Salz, frisch gemahlener Pfeffer

1 Das Ei für die Remoulade anpieksen, in einem Topf mit Wasser bedecken, aufkochen, in ca. 10 Min. hart kochen und abkühlen lassen.

2 Die Fischfilets kalt abwaschen und abtrocknen. Auf beiden Seiten salzen, pfeffern und mit Zitronensaft beträufeln. Das Mehl auf einen Teller geben. Das Ei mit 1 EL kaltem Wasser in einem tiefen Teller (oder einer flachen Schale) mit einer Gabel verquirlen. Die Semmelbrösel auf einen dritten Teller geben.

3 So viel Öl in eine Pfanne gießen, dass es ca. 1 cm hoch steht. Das Öl erhitzen und eine dicke Lage Küchenpapier bereitlegen. Die Fischstücke zuerst jeweils im Mehl wenden und den Überschuss abklopfen. Dann im Ei wenden, sodass jedes Stück rundherum mit Ei befeuchtet ist **(1)**. Zum Schluss in den Semmelbröseln wenden **(2)**. Um zu sehen, ob das Öl schon heiß genug ist, einen Holzkochlöffelstiel hineinhalten: Wenn daran sofort kleine Bläschen aufsteigen **(3)**, können Sie die panierten Fischfilets einlegen. Bei mittlerer Hitze 3 Min. auf der einen Seite ausbacken, dann mit dem Pfannenwender wenden und in ca. 3 Min. fertig backen.

4 Inzwischen das Ei für die Remoulade pellen und fein hacken. Die Gewürzgurke und die Kapern abtropfen lassen und fein hacken. Mayonnaise, Joghurt und Senf verrühren, Gewürzgurke, Kapern und gehacktes Ei unterheben und mit Salz und Pfeffer abschmecken. (Den Fisch in der Pfanne nicht vergessen und rechtzeitig wenden!)

5 Die Fischfilets herausheben und kurz auf das Küchenpapier legen, damit das überschüssige Bratfett aufgesaugt wird. Auf Teller geben und mit der Remoulade servieren. Dazu passt ein Salat.

TIPPS

Wenn Sie den Kartoffel-Gurken-Salat von Seite 100 zum Backfisch servieren möchten, bereiten Sie diesen zuerst zu (die Remouladensauce können Sie dann auch weglassen).

Wer mag, serviert zum Backfisch (und auch zum Schnitzel auf der nächsten Seite) Zitrone zum Drüberträufeln. Die frische Säure passt gut zu in Fett Ausgebackenem.

1

2

3

Ebenso perfekt paniert wie der Fisch: Das Ergebnis ist zartes Fleisch in der Knusperkruste

Panierte Schnitzel mit Kartoffel-Gurken-Salat

45 Min. Zubereitung
Pro Portion ca. 690 kcal, 45 g EW, 27 g F, 37 g KH

Für 2 Personen

Für den Kartoffel-Gurken-Salat
400 g festkochende Kartoffeln
1 kleine Salatgurke
Salz, frisch gemahlener Pfeffer
2–3 EL Weißweinessig
3 EL Öl

Für die Schnitzel
3 EL Mehl
1 Ei (Größe M)
80 g Semmelbrösel
2 Schweine- oder Putenschnitzel
        (je ca. 140 g)

Salz, frisch gemahlener Pfeffer
Butterschmalz zum Ausbacken (ersatz-
        weise neutrales Öl)

1 Die Kartoffeln waschen, in einem Topf mit Wasser bedecken und in ca. 25 Min. weich kochen. Inzwischen die Gurke schälen, in dünne Scheiben hobeln, in einer Schüssel mit ½ TL Salz vermengen und ca. 10 Min. Wasser ziehen lassen.

2 Das Mehl, das Ei (mit 1 EL kaltem Wasser verquirlt) und die Semmelbrösel zum Panieren auf drei Tellern oder in flachen Schalen bereitstellen. (Wer es genauer wissen will, blättert einmal zurück.)

3 Die Kartoffeln abgießen und etwas ausdampfen lassen. Noch warm pellen, in Scheiben schneiden, leicht salzen und in eine Schüssel geben. Die Gurken ausdrücken, mit Pfeffer, 2 EL Essig und dem Öl vermischen und unter die Kartoffeln mengen.

4 Wenn die Schnitzel dicker als ½ cm sind, am besten etwas flacher klopfen. Das geht mit der glatten Seite eines Fleischklopfers, falls Sie einen haben, oder mit der Unterseite eines Stieltopfes. Schnitzel mit Salz und Pfeffer würzen und zuerst im Mehl, dann im verquirlten Ei und schließlich in den Bröseln wenden. Die Panade leicht andrücken.

5 In einer Pfanne bei mittlerer Hitze 1 cm hoch Butterschmalz erhitzen. Die Schnitzel darin bei mittlerer Hitze auf jeder Seite in 2–3 Min. goldbraun ausbacken. Herausheben und auf Küchenpapier abtropfen lassen. Den Kartoffel-Gurken-Salat noch einmal mit Salz und Essig abschmecken (die Kartoffeln saugen viel Würze auf) und zu den Schnitzeln servieren.

VARIANTE

Fürs klassische **Wiener Schnitzel** braucht man dünn geschnittenes Kalbfleisch »aus der Oberschale« (das ist besonders zartes Fleisch, das sich gut zum Kurzbraten eignet – der Metzger weiß das). Wer die charakteristische wellige Kruste will, darf die Panade nicht zu fest andrücken und sollte beim Ausbacken die Pfanne regelmäßig so rütteln, dass das Butterschmalz immer wieder über die Schnitzel schwappt.

Kräuter-Käse-Täschchen

25 Min. Zubereitung | 25 Min. Backen
Pro Stück ca. 130 kcal, 4 g EW, 9 g F, 9 g KH

Für 12 Stück

6 quadratische Scheiben TK-Blätterteig (270 g)	Salz, frisch gemahlener Pfeffer
1 Frühlingszwiebel	1 Eigelb (Größe M)
je ½ Bund Petersilie und Dill	1 EL Milch
120 g Ziegenweichkäse oder Schafskäse	ca. ½ EL getrockneter Thymian
1 EL Kräuterfrischkäse	**Außerdem**
	Backpapier

1 Die Blätterteigscheiben nebeneinander auf die Arbeitsfläche legen. Ca. 10 Min. bei Zimmertemperatur auftauen lassen. Inzwischen die Frühlingszwiebel putzen, waschen und fein schneiden (siehe Spickzettel). Die Kräuter waschen und trocken schütteln, die Blätter bzw. Spitzen abzupfen und fein hacken. Den Käse mit einer Gabel zerdrücken, den Frischkäse, die Frühlingszwiebel und die Kräuter untermengen und mit Salz und Pfeffer abschmecken.

2 Den Backofen auf 200° (Umluft nicht empfehlenswert) vorheizen und ein Backblech mit Backpapier belegen. Alle Blätterteigscheiben mit einem scharfen Messer halbieren. Jeweils ca. 1 TL Käsemasse auf eine Seite der Teigstücke legen **(1)**, die andere Teighälfte darüberschlagen und die Ränder aufeinanderdrücken. Die Ränder mit einer Gabel gut zusammendrücken **(2)**, damit die Füllung beim Backen nicht herausquellen kann.

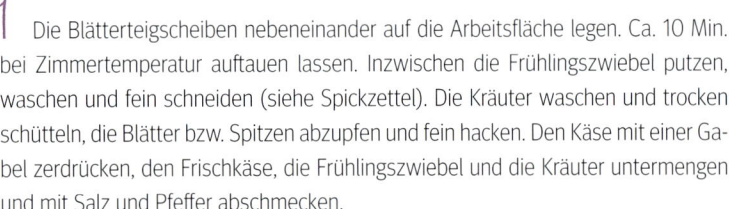

3 Die Täschchen mit etwas Abstand auf das Blech setzen. Das Eigelb mit der Milch verrühren und die Täschchen mit einem Küchenpinsel damit bestreichen **(3)**. Mit je 1 Prise getrocknetem Thymian bestreuen. Das Blech in den heißen Ofen schieben (Mitte) und die Täschchen in ca. 20–25 Min. goldbraun und knusprig backen. Lauwarm oder kalt zum Aperitif, z. B. Prosecco mit einem Schuss Aperol, reichen.

Spargel mit Sauce hollandaise

1 Std. Zubereitung
Pro Portion ca. 615 kcal, 12 g EW, 51 g F, 28 g KH

Für 4 Personen

Für den Spargel	4 sehr frische Eigelb (Größe M)
1,5–2 kg weißer Spargel	2 EL Zitronensaft
2 TL Salz	Salz
2 TL Zucker	Cayennepfeffer
1 EL Butter	Außerdem
Für die Sauce hollandaise	600 g kleine neue Kartoffeln
200 g Butter	

1   Den Spargel von den Köpfen bis zu den unteren Enden mit dem Sparschäler schälen. Die Enden abschneiden **(1)**. Die Kartoffeln waschen, in einem Topf mit Wasser bedecken und in 20–25 Min. weich kochen. In einem Topf, in dem die Spargelstangen liegend Platz haben, 3 l Wasser mit Salz, Zucker und Butter aufkochen lassen. Den Spargel einlegen und bei kleiner Hitze 15–20 Min. köcheln lassen.

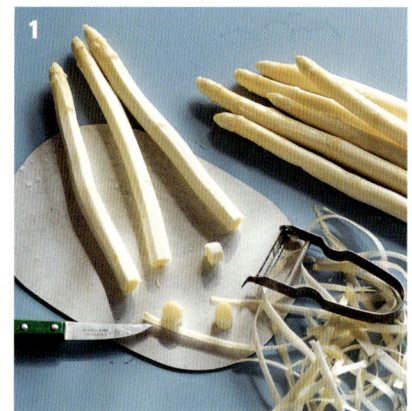

2   Inzwischen für die Sauce hollandaise die Butter bei kleiner Hitze in einem Töpfchen zerlassen, aber nicht bräunen. Lauwarm abkühlen lassen, sodass das Milcheiweiß absinkt **(2)**. Für ein heißes Wasserbad in einen Topf mit passender Metallschüssel ca. 5 cm hoch Wasser füllen und erhitzen. Die Eigelbe mit 2 EL kaltem Wasser in der Metallschüssel verrühren. Die Schüssel über das Wasserbad hängen und die Eigelbe 3–4 Min. mit dem Schneebesen schlagen, bis eine dickliche Creme entsteht. Die flüssige Butter (ohne Milcheiweiß) erst löffelweise, dann in dünnem Strahl hinzufügen und kräftig weiterschlagen, bis eine cremige Sauce entsteht **(3)**.

3   Die Sauce mit Zitronensaft, Salz und 1 Prise Cayennepfeffer abschmecken. Die Kartoffeln abgießen und ausdampfen lassen. Den Spargel mit einem Pfannenwender herausheben, mit den Kartoffeln anrichten. Die Sauce dazu servieren.

Erdbeer-Rhabarber-Grütze

35 Min. Zubereitung | 2 Std. Kühlen
Pro Portion ca. 190 kcal, 1 g EW, 8 g F, 27 g KH

Für 4 Personen

250 g junger Rhabarber
4 EL Zucker
250 g Erdbeeren

2 EL Zitronensaft
1 Vanilleschote oder
   1 Päckchen Vanillezucker

2 EL Speisestärke
Außerdem
100 g Sahne zum Servieren

1 Den Rhabarber waschen und in 3 cm breite Stücke schneiden. (Bei dickeren Rhabarberstangen ist die Haut faserig, diese, falls nötig, mit einem Messer in langen Streifen abziehen.) Den Rhabarber in einem Topf mit 2 EL Zucker mischen und zugedeckt 15 Min. Saft ziehen lassen.

2 Inzwischen die Erdbeeren vorsichtig in stehendem kaltem Wasser waschen, herausnehmen und auf Küchenpapier abtropfen lassen. Erst dann die grünen Kelchblätter herausdrehen. (Wenn sie sich nicht herausdrehen lassen, mit einem spitzen Messer herausschneiden). Die Erdbeeren je nach Größe halbieren oder vierteln. In einer Schüssel mit dem übrigen Zucker (2 EL) und dem Zitronensaft mischen.

3 Die Vanilleschote mit einem spitzen Messer längs aufschneiden und das Mark mit dem Messerrücken aus den Schotenhälften kratzen. Das Vanillemark oder den Vanillezucker und ¼ l Wasser zum Rhabarber geben und aufkochen lassen. 3–4 Min. bei kleiner Hitze kochen lassen, bis der Rhabarber weich wird, aber noch nicht zerfällt.

4 Die Speisestärke in einer Tasse mit 4 EL kaltem Wasser glatt rühren. Zum Rhabarber geben, unter ständigem Rühren aufkochen und ca. 2 Min. kochen lassen. Die Mischung ist zuerst milchig trüb und wird beim Kochen langsam glasig und dicker. Den Topf vom Herd nehmen und die Erdbeeren samt Saft untermischen. Die Grütze auf vier Gläser oder Schalen verteilen und ca. 2 Std. im Kühlschrank fest werden lassen.

5 Zum Servieren die Sahne mit dem Handrührgerät cremig aufschlagen (siehe Spickzettel) und die Grütze damit garnieren.

TIPP

Statt Schlagsahne schmeckt übrigens auch die Vanillesauce von Seite 124 wunderbar zur Grütze.

VARIANTE

Für den Klassiker **Rote Grütze** 600 g gemischte TK-Beeren mit 2–3 EL Zucker, dem Mark von 1 Vanilleschote und ¼ l Rotwein (oder rotem Traubensaft) in einen Topf geben und aufkochen lassen. 2 EL Speisestärke mit 4 EL kaltem Wasser anrühren, untermischen und alles unter Rühren 2 Min. kochen lassen. Wie beschrieben abfüllen und 2 Std. kalt stellen. Dazu passt flüssige (ungeschlagene) Sahne.

Einfach, schnell und lecker – eine perfekte Vorspeise für ein leichtes Sommermenü

Mozzarella-Tomaten-Salat

25 Min. Zubereitung
Pro Portion ca. 355 kcal, 15 g EW, 30 g F, 5 g KH

Für 4 Personen

400 g Kirschtomaten	2 EL Aceto balsamico bianco	6 EL Olivenöl
2 Schälchen Mini-Mozzarellakugeln (je 150 g)	1 EL Aceto balsamico	**Außerdem**
1 Bund Basilikum	½ TL Salz	knuspriges Weißbrot zum Dazuessen
	frisch gemahlener Pfeffer, Zucker	

1 Die Kirschtomaten von den Rispen zupfen, waschen und auf Küchenpapier abtropfen lassen. Die Tomaten halbieren und nach Belieben die Stielansätze herausschneiden. Die Mozzarellakugeln in ein Sieb abgießen und abtropfen lassen. Das Basilikum waschen und trocken schütteln, die Blätter abzupfen und große Blätter kleiner zupfen.

2 Die beiden Essigsorten mit dem Salz, ca. 1 TL frisch gemahlenem Pfeffer und 1 Prise Zucker in einer Schüssel verrühren und das Öl mit dem Schneebesen unterschlagen.

3 Kirschtomaten, Mozzarellakugeln und Basilikumblätter dazugeben und vorsichtig unterheben. Auf vier Teller verteilen und mit knusprigem Weißbrot (Ciabatta oder Baguette) servieren.

GUT ZU WISSEN

Die Verwendung von zwei verschiedenen Essigsorten in diesem Rezept hat optische Gründe: Der dunkle Aceto balsamico färbt die Mozzarellakugeln satt braun, was nicht ganz so hübsch aussieht. Schmecken tut's aber schon. Wer nur dunklen Aceto balsamico verwendet, richtet Tomaten, Mozzarellakugeln und Basilikumblätter auf Tellern an und träufelt das Dressing darüber.

VARIANTE

Mozzarella passt auch zu saftigen Sommerfrüchten: Für **Mozzarella-Pfirsich-Salat** 3 reife Pfirsiche überbrühen, kalt abschrecken und häuten (wie die Tomaten im Spickzettel, wobei das Einritzen der Haut unnötig ist). Das Fruchtfleisch in Spalten vom Stein schneiden. 300 g Mini-Mozzarellakugeln in ein Sieb abgießen und abtropfen lassen. 1 kleines Bund Minze waschen und trocken schütteln, die Blätter abzupfen. 3 EL Zitronensaft, ¼ TL Salz und ½ TL Zucker in einer Schüssel verrühren und 6 EL Olivenöl mit dem Schneebesen unterschlagen. Mozzarella, Pfirsiche und Minze dazugeben und im Dressing wenden. Zugedeckt bei Zimmertemperatur 30 Min. durchziehen lassen.

Ganze Fische lassen sich unkompliziert zubereiten, nur beim Essen sollte man auf Gräten achten

Fische vom Blech

1 Std. Zubereitung
Pro Portion ca. 450 kcal, 27 g EW, 27 g F, 16 g KH

Für 4 Personen

8 EL Olivenöl
150 g Kirschtomaten
400 g festkochende Kartoffeln
2 kleine Zucchini (je ca. 100 g)
1 Bund Petersilie
je 3 Zweige Rosmarin und Thymian

4 küchenfertige kleine Doraden
 (je ca. 300 g)
Salz, frisch gemahlener Pfeffer
¼ l trockener Weißwein
 (ersatzweise Wasser)

1 Den Backofen auf 180° (Umluft 160°) vorheizen. Ein tiefes Blech mit 2 EL Öl bestreichen. Die Kirschtomaten waschen und halbieren, wer möchte, schneidet die Stielansätze raus. Die Kartoffeln schälen und in 2 cm große Würfel schneiden. Die Zucchini waschen, längs vierteln und in kleine Stücke schneiden. Die Kräuter waschen und trocken schütteln, die Blätter bzw. Nadeln hacken und mischen.

2 Die Doraden innen und außen kalt waschen und mit Küchenpapier abtrocknen. Innen und außen salzen und pfeffern, jeweils 1 EL Öl in den Fischbauch träufeln und ca. 1 TL Kräutermischung hineingeben. Die Doraden aufs Blech legen. Kirschtomaten, Kartoffeln, Zucchini und die übrigen Kräuter darum herum verteilen. Den Wein angießen und das übrige Öl (2 EL) über Fische und Gemüse träufeln.

3 Das Blech in den Ofen schieben (Mitte) und die Doraden und das Gemüse darin ca. 25 Min. garen. Die Fische mit einem Pfannenwender auf vier vorgewärmte Teller heben. Das Gemüse mit Salz und Pfeffer abschmecken und dazugeben.

GANZE FISCHE – DAS IST WICHTIG

→ Fischkauf ist Vertrauenssache, deshalb empfiehlt es sich, frischen Fisch bei einem guten Fischhändler zu kaufen. Er bereitet die Fische küchenfertig vor, d. h. er nimmt sie aus und schuppt sie.

→ Frische Fische haben klare Augen, eine glänzende Oberfläche und leuchtend rote Kiemen. Sie riechen – wie übrigens auch gute Fischgeschäfte – ausschließlich nach Meerwasser, in keinem Fall nach Fisch!

→ Und so erkennt man, dass der Fisch gar ist: Die Augen treten milchig-weiß hervor. Wenn sich außerdem die Rückenflosse leicht herausziehen lässt, ist der Fisch fertig.

→ Und so isst man einen ganzen Fisch: Zuerst den Kopf abschneiden und oben die Haut abziehen. Dann mit einem (Fisch)-Messer zwischen den Filets längs zur Mittelgräte einschneiden und die beiden Filets abheben. Die Mittelgräte in einem Stück herausziehen, um an die beiden unteren Filets zu gelangen.

→ Und die Mengenlehre:
Bei ganzen Fischen rechnet man je nach Art und Beilagen 250–350 g pro Person.

Das pure Sommerglück, dieses Dessert ist die beste Erfrischung an heißen Tagen

Wassermelonen-Sorbet

20 Min. Zubereitung | 3 Std. Kühlen
Pro Portion ca. 140 kcal, 1 g EW, 0 g F, 33 g KH

Für 4 Personen

80 g Zucker
600 g reifes Wassermelonenfleisch
3–4 EL Zitronensaft

Außerdem
1 Stück Wassermelone zum Garnieren

1 Den Zucker mit 80 ml Wasser in einem Topf verrühren, aufkochen und bei mittlerer Hitze 5 Min. offen zu Zuckersirup einkochen lassen. Vom Herd nehmen und abkühlen lassen.

2 Eine flache Schale zum Vorkühlen ins Tiefkühlfach stellen. Die Melone schälen, von den Kernen befreien und das Fruchtfleisch grob würfeln. Mit 3 EL Zitronensaft und zwei Drittel des Zuckersirups in einen hohen Rührbecher geben und mit dem Pürierstab fein pürieren. Das Fruchtpüree mit weiterem Zitronensaft und Zuckersirup nach Geschmack (und Süße der Melone) abschmecken.

3 Die Mischung in die vorgekühlte Form gießen und insgesamt ca. 3 Std. ins Tiefkühlfach stellen. Dabei nach 1 Std. zum ersten Mal, dann im Abstand von 30 Min. noch zweimal kurz aus dem Tiefkühlfach nehmen und die langsam gefrierende Sorbetmasse mit einer Gabel kräftig durchrühren, sodass viele kleine Kristalle entstehen.

4 Das Melonensorbet 10 Min. vor dem Essen aus dem Tiefkühlfach nehmen und in den Kühlschrank stellen, damit es ein wenig antaut. Mit einem Esslöffel (oder einem Eisportionierer) in vier Gläser füllen. Das Melonenstück zum Garnieren in vier Stücke schneiden und diese an die Glasränder stecken oder dazu servieren.

VARIANTE

Für ein **Melonen-Pfirsich-Sorbet,** wie beschrieben, Zuckersirup herstellen und abkühlen lassen. Inzwischen 3 reife Pfirsiche 1 Min. in kochendes Wasser legen, mit dem Schaumlöffel herausheben und unter fließendem kaltem Wasser abschrecken. Die Haut abziehen und das Fruchtfleisch vom Stein schneiden. 1 kleine reife Cantaloup-Melone in Spalten schneiden, schälen, entkernen und das Fruchtfleisch grob würfeln. Mit 4 EL Zitronensaft und der Hälfte des Zuckersirups pürieren, mit weiterem Zitronensaft und Zuckersirup abschmecken. Wie beschrieben ca. 3 Std. gefrieren lassen und regelmäßig mit einer Gabel durchrühren.

TAG 22
SAMSTAG

Deftige Vorspeise für ein Herbstmenü, aber auch zum Sattessen mit Brot zu empfehlen

Minestrone

45 Min. Zubereitung
Pro Portion ca. 200 kcal, 11 g EW, 9 g F, 17 g KH

Für 4 Personen

2 Strauchtomaten
3–4 Stangen Staudensellerie
3 Möhren
1 Zwiebel
800 ml Gemüsebrühe (Instant)
2 EL Olivenöl
1 TL Tomatenmark
1 kleine Dose weiße Bohnen (400 g)
2 kleine Zucchini
1 Knoblauchzehe
1 Stück Parmesan (ca. 40 g)
Salz, frisch gemahlener Pfeffer

1 Die Tomaten häuten (siehe Spickzettel), entkernen und das Tomatenfleisch klein würfeln. Den Staudensellerie waschen und in Scheiben schneiden. Die Möhren waschen oder schälen und schräg in Scheiben schneiden. Die Zwiebel schälen und grob hacken. 800 ml heißes Wasser abmessen und 2 TL gekörnte Gemüsebrühe darin auflösen.

2 Einen Suppentopf auf mittlerer Stufe erhitzen und das Öl hineingeben. Die Zwiebelwürfel und das Tomatenmark darin 1 Min. unter Rühren anbraten. Sellerie und Möhren hinzufügen und 2 Min. mitbraten. Die Tomaten dazugeben, die Gemüsebrühe dazugießen, die Suppe aufkochen und 10 Min. kochen lassen.

3 Inzwischen die Bohnen in ein Sieb abgießen, mit kaltem Wasser überbrausen und abtropfen lassen. Die Zucchini waschen, längs halbieren und ohne die Stielansätze in Halbmonde schneiden. Den Knoblauch schälen und fein hacken (siehe Spickzettel). Alles zur Suppe geben und diese 10 Min. weiterkochen lassen.

4 Den Parmesan reiben. Die Minestrone mit Salz und Pfeffer würzig abschmecken und auf große Suppenschalen verteilen. Mit geriebenem Parmesan bestreut servieren.

VARIANTE MIT NUDELN

Man kann die weißen Bohnen auch weglassen und die Suppe mit kleinen Nudeln anreichern: In einem Topf 1 l Wasser aufkochen, 1 TL Salz und 120 g kleine Muschelnudeln hinzufügen. Nach Packungsangabe in ca. 8 Min. bissfest kochen. In ein Sieb abgießen und abtropfen lassen. Die Nudeln nicht in die Minestrone geben, sondern direkt auf die Suppenschalen verteilen und die heiße Suppe darüberschöpfen.

Geschmorte Kaninchenkeulen

25 Min. Zubereitung | ca. 50 Min. Schmoren
Pro Portion ca. 590 kcal, 45 g EW, 35 g F, 9 g KH

Für 4 Personen

10 Schalotten
2 Knoblauchzehen
2 Zweige Rosmarin
4 Kaninchenkeulen (je ca. 250 g)
Salz, frisch gemahlener Pfeffer

3 EL Olivenöl
50 g Pinienkerne
400 ml trockener Weißwein (ersatzweise Instant-Gemüsebrühe)
2 Lorbeerblätter

150 g Kirschtomaten
120 g schwarze Oliven
Außerdem
knuspriges Weißbrot zum Dazuessen

1 Die Schalotten schälen und längs vierteln. Den Knoblauch schälen und fein hacken (siehe Spickzettel). Die Rosmarinzweige waschen und trocken schütteln. Die Kaninchenkeulen kalt abwaschen, mit Küchenpapier trocken tupfen, salzen und pfeffern.

2 Einen Schmortopf auf mittlerer Stufe erhitzen und das Öl hineingeben. Die Kaninchenkeulen darin ca. 3 Min. anbraten. Mit einer Zange wenden und auf der anderen Seiten ebenfalls 3 Min. anbraten.

3 Die Kaninchenkeulen herausnehmen und auf einen Teller legen. Schalotten, Knoblauch und Pinienkerne im Bratfett 1 Min. unter Rühren anbraten. Die Hälfte des Weins dazugießen und aufkochen lassen. Die Kaninchenkeulen wieder hineingeben, Rosmarinzweige und Lorbeerblätter dazulegen und das Fleisch ca. 25 Min. zugedeckt bei kleiner Hitze sanft schmoren lassen.

4 Die Kirschtomaten waschen, die Oliven abtropfen lassen. Die Kaninchenkeulen wenden. Übrigen Wein angießen und die Tomaten und Oliven im Topf verteilen. Zugedeckt weitere 20 Min. schmoren lassen.

5 Mit einem spitzen Messer in die dickste Stelle einer Keule stechen: Wenn das leicht geht und klarer Saft austritt, ist sie fertig (sonst noch 5–10 Min. weiterschmoren lassen). Zum Servieren mit der Sauce und den Tomaten, Oliven und Pinienkernen auf vier Teller verteilen. Dazu schmeckt knuspriges Weißbrot zum Auftunken der Sauce.

VARIANTE MIT HÄHNCHENKEULEN

Wer keine Kaninchenkeulen bekommt, kann sie durch Hähnchenkeulen ersetzen. Diese schmecken allerdings besser, wenn sie offen im Backofen gegart werden: den Backofen auf 180° (Umluft 160°) vorheizen. 4 Hähnchenkeulen (je ca. 250 g), wie beschrieben, vorbereiten und auf dem Herd anbraten. Anschließend mit der Hautseite nach oben 45 Min. offen im Backofen (Mitte) garen, dabei die übrigen Zutaten, wie beschrieben, nach und nach hinzufügen.

Die berühmte »gekochte Sahne« aus Italien, herbstlich abgewandelt mit Lebkuchengewürz

Lebkuchen-Panna-cotta

25 Min. Zubereitung | 2 Std. Kühlen
Pro Portion ca. 420 kcal, 4 g EW, 33 g F, 20 g KH

Für 4 Personen

3 Blatt weiße Gelatine	4 frische Feigen (ersatzweise
400 g Sahne	Zwetschgen oder Birnen)
2 EL Zucker	1 TL Butter
1 TL Lebkuchengewürz	100 ml roter Portwein
1 Vanilleschote oder	(ersatzweise Traubensaft)
1 Päckchen Vanillezucker	

1 Die Gelatineblätter in einer flachen Schale mit kaltem Wasser bedecken und 5–10 Min. einweichen.

2 Die Sahne mit dem Zucker und dem Lebkuchengewürz in einen Topf geben. Die Vanilleschote mit einem spitzen Messer längs aufschneiden, das Mark mit dem Messerrücken aus den Schotenhälften herauskratzen und dazugeben. Die ausgekratzte Schote ebenfalls dazugeben, sie gibt viel Aroma ab. Oder den Vanillezucker zur Sahne geben.

3 Vier Dessertförmchen oder Tassen mit kaltem Wasser ausspülen und nicht abtrocknen. Die Sahne unter ständigem Rühren mit dem Schneebesen aufkochen lassen. Den Topf vom Herd nehmen. Die Gelatine aus dem Wasser nehmen, ausdrücken, in die heiße Sahne geben und unter Rühren auflösen. Die Sahne auf die Förmchen verteilen. Etwas abkühlen lassen, dann in den Kühlschrank stellen und in ca. 2 Std. fest werden lassen.

4 Die Feigen waschen, längs halbieren und die Hälften vierteln, sodass Spalten entstehen. Die Butter in einem Pfännchen bei mittlerer Hitze schmelzen. Die Feigen darin 1 Min. anbraten, mit dem Portwein ablöschen und 1–2 Min. köcheln lassen. Vom Herd nehmen.

5 Die Panna cotta aus dem Kühlschrank nehmen. Die Creme mit einem spitzen Messer vom Rand lösen und auf Teller stürzen. Wenn das nicht gleich gelingt, die Unterseite der Förmchen kurz in heißes Wasser tauchen. Die Feigenspalten um die Lebkuchen-Panna-cotta herum anrichten und das Dessert gleich servieren.

TIPP

Für den italienischen Dessertklassiker lassen Sie das Lebkuchengewürz einfach weg. Die Panna cotta auf Teller stürzen und im Sommer mit Himbeer- oder Erdbeermark (siehe Seite 22) oder mit frischen Beeren und Minzeblättchen garnieren.

Winterlicher Genuss mit ganz wenigen Zutaten – perfekt zu festlichen Anlässen

Entenbrust mit Orangensauce

35 Min. Zubereitung
Pro Portion ca. 335 kcal, 28 g EW, 21 g F, 6 g KH

Für 4 Personen

30 g Butter	Salz
1 EL Mehl	Cayennepfeffer
2 Entenbrustfilets (je ca. 300 g)	2 große Orangen, 1 davon Bio

1 Die Butter und das Mehl mit den Fingern verkneten (für später zum Binden der Sauce), in Folie wickeln und in den Kühlschrank legen. Die Entenbrustfilets kalt abwaschen und mit Küchenpapier trocken tupfen. Die Haut mit einem scharfen Messer rautenförmig einritzen **(1).** Die Entenbrustfilets rundherum mit Salz und Cayennepfeffer würzen und mit der Hautseite in eine kalte Pfanne legen. Auf mittlere Hitze erwärmen und 6–7 Min. braten, bis die Haut braun und kross ist. Die Entenbrüste mit einer Zange wenden **(2)** und in 7–8 Min. fertig braten.

2 Inzwischen die Bio-Orange heiß waschen und abtrocknen. Von der Schale mit dem Sparschäler dünne Streifen abschälen und diese in feine Streifen schneiden (siehe Spickzettel). Anschließend beide Orangen auspressen.

3 Die Entenbrustfilets aus der Pfanne nehmen, auf einen vorgewärmten Teller geben und zugedeckt 10 Min. ruhen lassen. Inzwischen das Entenfett aus der Pfanne gießen, die Pfanne wieder erhitzen. Den Bratensatz mit dem Orangensaft ablöschen und 3 Min. bei großer Hitze einkochen lassen. Die Mehlbutter in kleine Stückchen zupfen, und so viele Stückchen mit dem Schneebesen unter die kochende Orangensauce rühren **(3)**, bis diese sämig bindet. Die Orangenschale unterrühren und die Sauce mit Salz und Cayennepfeffer abschmecken.

4 Die Entenbrustfilets quer in ca. 3 mm dicke Scheiben schneiden. Das Kartoffelgratin (Rezept nächste Seite) portionieren und auf eine Seite der vier Teller setzen. Die Sauce jeweils als »Spiegel« auf die andere Tellerseite gießen und die Entenbrust darauf anrichten.

ZEITPLAN FÜRS WINTERMENÜ

Wer das dreigängige Wintermenü zubereiten möchte, geht am besten so vor: **1** Rotwein-Ingwer-Birnen zubereiten. **2** Das Kartoffelgratin vorbereiten und in den Ofen schieben. **3** 25 Min. später die Entenbrüste und die Sauce zubereiten. **4** Kartoffelgratin 10 Min. zugedeckt ruhen lassen, Teller im ausgeschalteten Backofen vorwärmen. **5** Kartoffelgratin portionieren und auf vier Teller geben, Orangensauce und Entenbrust daneben anrichten. **6** Wenn der Hauptgang verspeist ist, die Vanillesauce zubereiten und mit den Rotwein-Ingwer-Birnen servieren.

Kartoffelgratin

30 Min. Zubereitung | 1 Std. Backen + Ruhen
Pro Portion ca. 370 kcal, 6 g EW, 26 g F, 28 g KH

Für 4 Personen

40 g Butter	200 g Sahne
800 g mehligkochende Kartoffeln	200 ml Milch
Salz, frisch gemahlener Pfeffer	**Außerdem**
frisch geriebene Muskatnuss	ofenfeste Form (ca. 20 x 28 cm)

1 Den Backofen auf 200° (Umluft 180°) vorheizen. Eine ofenfeste Form mit etwas Butter ausfetten. Die Kartoffeln schälen, in dünne Scheiben schneiden und dachziegelartig in die Form schichten. Jede Lage mit Salz, Pfeffer und Muskatnuss würzen.

2 Sahne und Milch mischen und gleichmäßig über die Kartoffeln gießen **(1)**. Die restliche Butter in Stückchen darauf verteilen. Das Gratin im heißen Backofen (Mitte) ca. 30 Min. backen. Wenn die Sahnemischung jetzt am Rand hochkocht, das Gratin sanft mit einem Pfannenwender flach drücken **(2)**, damit alle Kartoffeln gleichmäßig in der Flüssigkeit garen. Das Gratin weitere 20 Min. backen.

3 Um zu sehen, ob das Gratin fertig ist, mit einem spitzen Messer in die Mitte stechen. Wenn das leicht geht und die Kartoffeln weich sind, das Gratin aus dem Ofen holen. Vor dem Portionieren ca. 10 Min. mit Alufolie abgedeckt ruhen lassen. Das Kartoffelgratin mit einem scharfen Messer in vier Stücke schneiden, mit dem Pfannenwender herausheben und auf Teller geben **(3)**.

VARIANTE

Für ein **Kartoffel-Apfel-Gratin** mit den Kartoffeln 2 geschälte, vom Kerngehäuse befreite und in feine Spalten geschnittene säuerliche Äpfel einschichten. Passt ebenfalls gut zur Entenbrust, aber auch zum Lammrückenfilet (Variante Seite 136).

Allein schon die Vanillesauce lohnt es sich zu lernen, die passt auch zu vielen anderen Desserts

Rotwein-Ingwer-Birnen mit Vanillesauce

30 Min. Zubereitung
Pro Portion ca. 290 kcal, 7 g EW, 7 g F, 36 g KH

Für 4 Personen

Für die Birnen
1 Stück Ingwer (3–5 cm)
1 Bio-Zitrone
375 ml trockener Rotwein
1 EL Zucker
4 kleine reife Birnen

Für die Vanillesauce
2 Eigelb (Größe M)
1 Ei (Größe M)
2–3 EL Zucker (je nach gewünschter Süße)

¼ l Milch
1 Vanilleschote

1 Den Ingwer schälen und fein würfeln (siehe Spickzettel). Die Zitrone heiß waschen und in Scheiben schneiden. Beides mit dem Rotwein und dem Zucker in einen Topf geben.

2 Die Birnen schälen, vierteln und die Kerngehäuse entfernen. Die Birnenviertel jeweils in 2–3 Längsspalten schneiden und in den Wein geben. Einmal aufkochen, dann bei kleiner Hitze 2–3 Min. kochen lassen. Den Topf vom Herd nehmen und die Birnen im Weinsud abkühlen lassen.

3 Für die Vanillesauce die Eigelbe und das ganze Ei in einem Topf mit dem Zucker und der Milch mit dem Schneebesen verrühren. Die Vanilleschote mit einem spitzen Messer längs aufschneiden und das Mark mit dem Messerrücken aus den Schotenhälften herauskratzen. In die Milch geben. Bei mittlerer Hitze unter ständigem Rühren bis kurz vor dem Siedepunkt erhitzen (die Sauce wird langsam dicklich, darf aber nicht aufblubbern!). Den Topf vom Herd nehmen und weiterrühren, bis die Sauce lauwarm abgekühlt ist (damit sich keine Haut bildet!).

4 Die Rotwein-Ingwer-Birnen aus dem Weinsud heben und auf vier Gläser oder Schalen verteilen. Die Vanillesauce darübergießen und das Dessert sofort servieren.

GUT ZU WISSEN

Bei der Zubereitung der Vanillesauce unbedingt am Herd bleiben und ständig rühren. Sonst kann es passieren, dass die Hitze zu groß wird und die Eier gerinnen. Dann ist die Cremigkeit dahin. Falls es doch mal passieren sollte, die missglückte Sauce mit 3 EL kalter Milch in einen hohen Rührbecher geben und mit dem Pürierstab aufmixen.
Den Rotwein-Ingwer-Sud kann man übrigens noch nutzen, z. B. für eine Rotweinsauce zu Rinderschmorbraten. Auch ein Gulasch lässt sich damit kochen. Der Ingwer und die leichte Süße der Birnen, die in den Weinsud übergegangen sind, verleihen diesen herzhaften Gerichten eine interessante Note. Wer den Sud nicht in den nächsten Tagen braucht, friert ihn in einer Dose mit Deckel ein (beschriften!).

Gemüse im Kichererbsenteig

45 Min. Zubereitung
Pro Portion ca. 255 kcal, 11 g EW, 12 g F, 25 g KH

Für 4 Personen

Für das Gemüse

200 g kleine Blumenkohlröschen

1 Zucchino (ca. 150 g)

2 Möhren (je ca. 100 g)

120 g Kichererbsenmehl (aus dem Asienladen)

¼ TL Cayennepfeffer

1 TL Salz

1 l Pflanzenöl zum Frittieren

Für den Dip

200 g Joghurt

½ TL gemahlener Kreuzkümmel

Salz, frisch gemahlener Pfeffer

1 Stück Salatgurke

1 Tomate

2–3 Stiele frische Minze

1 Die Blumenkohlröschen waschen und in einem Sieb gut abtropfen lassen. Den Zucchino waschen und ohne den Stielansatz in ca. 3 mm dicke Scheiben schneiden. Die Möhren schälen, längs halbieren und schräg in dicke Stifte schneiden.

2 Das Kichererbsenmehl mit Cayennepfeffer und Salz in eine Rührschüssel geben. Ca. ¼ l kaltes Wasser mit dem Schneebesen unterrühren, bis ein glatter Teig entsteht. Den Backofen auf 70° vorheizen und eine Platte darin vorwärmen.

3 Das Öl in einen Topf geben und erhitzen. Sobald es heiß genug ist (wie man das erkennt, steht rechts), die Blumenkohlröschen mit den Fingern in den Teig tauchen, jeweils 4–5 Stück vorsichtig ins heiße Öl gleiten lassen und darin 4–5 Min. frittieren. Mit einem Schaumlöffel heraus-

heben und auf einer dicken Lage Küchenpapier entfetten. Die Zucchinischeiben ebenso portionsweise frittieren. Von den Möhrenstiften jeweils 3–4 mit den Fingern zu einem kleinen Bündel zusammenfassen, in den Kichererbsenteig stippen und zusammen ins Öl gleiten lassen (Vorsicht, nicht die Finger verbrennen!). Ebenfalls 3–4 Min. frittieren.

4 Während das Gemüse frittiert, nach und nach den Dip zubereiten: Den Joghurt mit Kreuzkümmel und je 1 Prise Salz und Pfeffer verrühren. Das Gurkenstück schälen, längs halbieren und die Kerne herauskratzen. Die Gurke fein würfeln. Die Tomate waschen, halbieren, entkernen und die Hälften ohne Stielansatz ebenfalls klein würfeln. Die Minze waschen und trocken schütteln, die Blätter von den Stielen zupfen und fein schneiden. Alles unter den Joghurt mischen und mit Salz und Pfeffer abschmecken. Den Dip in eine Schale füllen und mit dem frittierten Gemüse im Kichererbsenteig als Vorspeise servieren.

FRITTIEREN –
SO GEHT'S GANZ LEICHT

→ Zum Frittieren eignet sich neutrales Pflanzenöl am besten. Es ist hoch erhitzbar und hat keinen Eigengeschmack.

→ Wer nicht oft frittiert, braucht natürlich keine Fritteuse, ein Topf oder ein Wok tut es auch.

→ Um zu prüfen, ob das Frittieröl heiß genug ist, steckt man ein Holzstäbchen oder einen Holzkochlöffelstiel hinein. Wenn daran sofort kleine Bläschen aufsteigen, kann's losgehen.

→ Wichtig ist noch: Nicht zu viele Gemüsestücke auf einmal ins Öl geben, denn dann kühlt es zu stark ab und das Gemüse nimmt zu viel Fett auf!

→ Das Gemüse nach dem Frittieren mit einem Schaumlöffel (oder einem Pfannenwender) herausheben und auf Küchenpapier entfetten.

Auch ohne großes Gewürzregal lässt sich ein köstliches Essen im indischen Stil zaubern

Indisches Hähnchen-Curry

45 Min. Zubereitung
Pro Portion ca. 530 kcal, 37 g EW, 17 g F, 52 g KH

Für 4 Personen

4 Hähnchenbrustfilets (je ca. 150 g)
1 Stück Ingwer (ca. 4 cm)
2 Knoblauchzehen
2 EL Joghurt
1 EL Currypulver
2 EL Butterschmalz

1 Lorbeerblatt
1 Zimtstange
3 Gewürznelken
Salz
100 ml Gemüsebrühe (Instant)
100 g Sahne

250 g Basmatireis
2 Tomaten
½ Bund Koriandergrün

1 Die Hähnchenbrustfilets kalt abwaschen und trocken tupfen, jedes in drei Stücke schneiden. Den Ingwer und den Knoblauch schälen und etwas zerkleinern. Mit dem Joghurt und dem Currypulver in einen hohen Rührbecher geben und mit dem Pürierstab zu einer glatten Paste verarbeiten. In eine Schüssel geben und die Hähnchenstücke darin wenden.

2 Einen Schmortopf auf mittlerer Stufe erhitzen und das Butterschmalz darin erhitzen. Lorbeerblatt, Zimtstange und Gewürznelken darin 1 Min. anbraten. Die Hähnchenstücke salzen und in zwei Portionen von jeder Seite 3 Min. anbraten (fertige herausnehmen). ¼ TL körnige Gemüsebrühe mit 100 ml heißem Wasser anrühren und mit der Sahne dazugießen. Alle Fleischstücke wieder in den Topf geben und zugedeckt ca. 10 Min. bei mittlerer Hitze schmoren lassen.

3 Inzwischen den Reis mit 600 ml Wasser in einen Topf geben. Aufkochen lassen, einmal umrühren und dann zugedeckt bei ganz kleiner Hitze 15 Min. quellen lassen (den Topf nicht zwischendurch öffnen).

4 Die Tomaten waschen, quer halbieren und die Kerne entfernen. Die Hälften mit Haut (hier stört sie nicht), aber ohne Stielansätze klein würfeln. Unter das Curry mischen und alles zugedeckt weitere 10 Min. schmoren lassen.

5 Das Koriandergrün waschen und trocken schütteln, die Blätter abzupfen und grob hacken. Die Currysauce kräftig mit Salz abschmecken (asiatischer Reis ist traditionell ungesalzen) und das Koriandergrün untermischen. Das Hähnchen-Curry mit dem Basmatireis auf Teller oder Schalen verteilen und servieren.

TIPP

Wer mag, gibt noch Gemüse ins Curry: z. B. 1 Zucchino (ca. 150 g) waschen, längs halbieren und ohne den Stielansatz in dicke Halbmonde schneiden. Mit den Tomaten unter das Hähnchen-Curry rühren und ca. 10 Min. mitschmoren lassen.

Mangocreme

25 Min. Zubereitung | 2 ½ Std. Kühlen
Pro Portion ca. 195 kcal, 2 g EW, 12 g F, 18 g KH

Für 4 Personen

2 Blatt weiße Gelatine
2 reife Mangos (je ca. 200 g)
Saft von 1 Orange (100 ml)
2 EL Puderzucker

150 g Sahne
Minzeblättchen zum Garnieren
  (nach Belieben)

1 Die Gelatine in einer flachen Schale mit Wasser bedecken und 5–10 Min. einweichen. Inzwischen die Mangos schälen und das Fruchtfleisch längs vom Stein schneiden **(1)**. Ein schönes Stück in Frischhaltefolie wickeln und für die Garnierung in den Kühlschrank legen. Den Rest grob würfeln.

2 Die Mangowürfel mit dem Orangensaft und 1 EL Puderzucker in einem hohen Rührbecher mit dem Pürierstab fein pürieren. Das Püree in eine Schüssel füllen. Die Gelatine tropfnass in ein Töpfchen geben und bei kleiner Hitze unter Rühren auflösen (dauert nur einige Sekunden). 2 EL Mangopüree dazugeben und mit dem Teigspatel unterrühren **(2)**. Diese Mischung unter das Mangopüree rühren und ca. 30 Min. in den Kühlschrank stellen.

3 Die Sahne mit dem übrigen Puderzucker (1 EL) mit dem Handrührgerät steif schlagen (siehe Spickzettel). Die Schlagsahne mit dem Teigspatel unter das langsam gelierende Mangopüree ziehen **(3)**. Die Creme in vier Gläser oder Schälchen füllen und in weiteren 2 Std. im Kühlschrank fest werden lassen.

4 Zum Servieren das beiseitegelegte Mangostück in feine Spalten schneiden und die Mangocreme damit garnieren. Nach Belieben zusätzlich ein paar Minzeblättchen auf jede Portion geben.

Spätzle mit Pilzen und Schinken

20 Min. Zubereitung
Pro Portion ca. 470 kcal, 27 g EW, 18 g F, 50 g KH

Für 2 Personen

250 g Champignons
3 Scheiben gekochter Schinken
   (ca. 60 g)
1 Zwiebel

½ Bund Petersilie
1 EL Butterschmalz
350 g Spätzle (aus der Kühltheke oder
   selbst gemachte, siehe unten)

2 Eier (Größe M)
Salz, frisch gemahlener Pfeffer
frisch geriebene Muskatnuss

1 Die Pilze putzen, trocken abreiben und in Scheiben schneiden. Den Schinken in feine Streifen schneiden. Die Zwiebel schälen und in feine Spalten schneiden (siehe Spickzettel). Die Petersilie waschen und trocken schütteln, die Blätter abzupfen und klein schneiden.

2 Eine Pfanne erhitzen und das Butterschmalz darin zerlassen. Pilze und Zwiebeln darin bei mittlerer Hitze 3–4 Min. unter Rühren anbraten. Die Spätzle und den Schinken hinzufügen und ca. 3 Min. unter gelegentlichem Wenden mitbraten, bis alles warm ist.

3 Die Eier in einer Schüssel mit je 1 Prise Salz, Pfeffer und Muskatnuss mit einer Gabel verschlagen. Gleichmäßig über die Spätzle gießen und unter Rühren in ca. 2 Min. stocken, aber nicht trocken werden lassen. Dazu passt ein frischer Salat.

VARIANTE

Lust auf **selbst gemachte Spätzle**? Das lohnt sich eher für 4 Portionen (einfach die Hälfte der Spätzle abgekühlt einfrieren). Außerdem braucht man einen Spätzlehobel oder eine Spätzlepresse (gibt es in Haushaltswarengeschäften). Für 4 Portionen 500 g Mehl in eine Schüssel sieben.

4 Eier (Größe M), 1 TL Salz und etwas frisch geriebene Muskatnuss hinzufügen. Ca. 100 ml Mineralwasser unterrühren, sodass ein recht zähflüssiger Teig entsteht. Den Teig einige Min. kräftig mit einem Holzlöffel schlagen, bis er Blasen wirft. Dazu den Teig mit Druck aus dem Handgelenk immer wieder vom Schüsselboden lösen und auf diese Weise Luft unterschlagen. Das macht die Spätzle schön locker. Eine Schüssel mit kaltem Wasser bereitstellen. In einem großen Topf 3 l Wasser zum Kochen bringen, 3 TL Salz hinzufügen und den Spätzleteig portionsweise durch den Spätzlehobel (oder die Spätzlepresse) hineindrücken. Sobald die Spätzle oben schwimmen, mit einem Schaumlöffel herausheben und ins kalte Wasser geben. Wenn alle Spätzle fertig sind, in ein Sieb abgießen und abtropfen lassen.

TIPP

Die selbst gemachten Spätzle passen auch prima als Beilage zum Rindergulasch (Seite 75) oder zu den Rinderrouladen (Seite 80). Spätzle nur kurz ins kalte Wasser geben, dann in einer Form im Ofen bei 100° warm halten.

Forelle in der Folie mit Fenchel

20 Min. Zubereitung | 25 Min. Garen
Pro Portion ca. 220 kcal, 31 g EW, 9 g F, 4 g KH

Für 2 Personen

2 zarte Fenchelknollen	Salz, frisch gemahlener Pfeffer	150 ml Gemüsebrühe (Instant)
2 Forellen (je ca. 300 g, frisch oder TK und aufgetaut)	1 kleine Bio-Zitrone	**Außerdem**
	2 TL Butter	ca. 1 m Bratschlauch

1 Den Backofen auf 180° (Umluft 160°) vorheizen. Den Fenchel waschen, das Grün abschneiden und beiseitelegen. Die Fenchelknollen längs teilen, einen Teil des Strunks keilförmig herausschneiden und die Hälften in dünne Spalten schneiden **(1).**

2 Die Forellen innen und außen waschen und trocken tupfen, innen und außen mit Salz und Pfeffer würzen. Die Zitrone heiß waschen, abtrocknen und in Scheiben schneiden. Jeweils 1 TL Butter und ein paar Zitronenscheiben in jeden Fischbauch geben **(2).**

3 Den Bratschlauch in zwei 50 cm lange Stücke teilen, die Folienbänder noch einmal auseinanderschneiden. Je die Hälfte des Fenchels in jedem Bratschlauch verteilen und einen Fisch darauf legen. Den Bratschlauch an einer Seite mit dem Folienband zubinden. ½ TL gekörnte Gemüsebrühe in 150 ml heißem Wasser auflösen und je die Hälfte in den Bratschlauch geben. Den Schlauch auf der anderen Seite ebenfalls zubinden **(3).**

4 Die Fische nebeneinander auf das Blech legen, in den Ofen schieben (Mitte) und ca. 25 Min. garen. Die Folie bläht sich auf, und Fisch und Gemüse garen sanft im Dampf, der sich im Schlauch bildet.

5 Um zu sehen, ob die Fische gar sind, die Rückenflosse herausziehen (das geht auch durch die Folie). Die Flosse löst sich ganz leicht? Dann das Blech herausnehmen und die Folien aufschneiden (Vorsicht, heißer Dampf!). Die Forellen mit einem Pfannenwender auf zwei Teller heben. Das Fenchelgemüse mit Salz und Pfeffer abschmecken und dazu anrichten. Mit dem Fenchelgrün garnieren.

BEILAGENTIPP

Dazu passen Pellkartoffeln, die Sie aufsetzen sollten, sobald die Fische im Ofen sind. Auch der Dillreis von Seite 32 schmeckt gut dazu.

VARIANTE

Sie können auch einen größeren Fisch für zwei, z. B. eine Lachsforelle von 600–700 g, im Folienpäckchen zubereiten. Die Garzeit verlängert sich auf ca. 35 Min.

1

2

3

Ratatouille mit Lamm

30 Min. Zubereitung
Pro Portion ca. 755 kcal, 54 g EW, 57 g F, 12 g KH

Für 2 Personen

1 kleine Aubergine (ca. 200 g)
Salz
1 Zwiebel
2 Knoblauchzehen
je 1 rote und gelbe Paprikaschote

2 kleine Zucchini (je ca. 100 g)
1 große Fleischtomate
4 EL Olivenöl
1 gehäufter TL getrocknete Kräuter
der Provence

6–8 Lammkoteletts (je ca. 70 g)
frisch gemahlener Pfeffer

1 Die Aubergine putzen, waschen, erst in ca. 1 cm dicke Scheiben und diese in 1 cm große Würfel schneiden. In ein Sieb geben, mit ca. 1 TL Salz bestreuen und 10 Min. Wasser ziehen lassen. Inzwischen die Zwiebel schälen, halbieren und in Spalten schneiden (siehe Spickzettel). 1 Knoblauchzehe schälen und fein hacken (siehe Spickzettel). Die Paprikaschoten halbieren, Stiel, Trennwände und Kerne entfernen. Die Hälften waschen und in Stücke schneiden. Die Zucchini waschen und ohne Stielansätze in Scheiben schneiden. Die Tomate waschen und ohne Stielansatz ca. 1 cm groß würfeln.

2 Die Auberginenwürfel ausdrücken und mit Küchenpapier trocken tupfen. Eine Pfanne auf mittlerer Stufe erhitzen, 1 EL Öl hineingeben und die Auberginenwürfel darin 3–4 Min. braten. Auberginen herausnehmen und die Pfanne mit Küchenpapier auswischen.

3 Einen Schmortopf auf mittlerer Stufe erhitzen und 2 EL Öl hineingeben. Zwiebel und Knoblauch darin 1 Min. anbraten. Paprikaschoten und Zucchini dazugeben und 3 Min. unter Rühren mitbraten. Aubergine, Tomate und die getrockneten Kräuter dazugeben und zugedeckt bei kleiner Hitze 10 Min. schmoren lassen. Mit Salz und Pfeffer würzen.

4 Inzwischen die Lammkoteletts kalt abwaschen, mit Küchenpapier trocken tupfen, salzen und pfeffern. Die ausgewischte Pfanne wieder erhitzen und das übrige Öl (1 EL) hineingeben. Die übrige Knoblauchzehe ungeschält zerdrücken und in die Pfanne geben. Die Lammkoteletts auf jeder Seite ca. 2 Min. braten. Das Ratatouille auf zwei Teller verteilen und die Lammkoteletts darauf anrichten.

VARIANTEN

Die kleinen Stielkoteletts für dieses Rezept bekommt man in türkischen Läden. Wenn Sie nur die doppelt geschnittenen bekommen, reichen zwei pro Person. Diese haben im Allgemeinen einen ziemlich dicken Fettrand. Braten Sie diesen ruhig mit und schneiden ihn, falls gewünscht, erst auf dem Teller ab. Das Fett verleiht den Koteletts beim Braten ein gutes Aroma und hält sie außerdem schön saftig.

Noch feiner, aber nicht ganz billig ist **Lammrückenfilet**: 1 Filet (ca. 280 g) mit Salz und Pfeffer würzen, von jeder Seite 2 Min. in Öl anbraten und anschließend 15 Min. im auf 100° vorgeheizten Backofen garen. Das Filet quer in Scheiben schneiden und auf dem Ratatouille anrichten.

Kirsch-Clafoutis

45 Min. Zubereitung
Pro Portion ca. 565 kcal, 14 g EW, 33 g F, 53 g KH

Für 2 Personen

200 g Kirschen	100 g Crème fraîche	**Außerdem**
2 Eier (Größe M)	⅛ l Milch	1 kleine ofenfeste Form
2 EL Puderzucker	60 g Mehl	(ca. 15 x 20 cm)
1 Vanilleschote oder 1 Päckchen		Butter für die Form
Vanillezucker		

1 Den Backofen auf 180° (Umluft 160°) vorheizen. Die kleine ofenfeste Form mit Butter ausstreichen. Die Kirschen waschen, entstielen und auf Küchenpapier abtropfen lassen.

2 Die Eier mit 1 ½ EL Puderzucker in eine Rührschüssel geben. Die Vanilleschote mit einem spitzen Messer längs aufschneiden und das Mark mit dem Messerrücken aus den Schotenhälften kratzen. Das Vanillemark oder den Vanillezucker zu den Eiern geben und alles mit dem Handrührgerät in 3–4 Min. schaumig rühren. Erst die Crème fraîche und die Milch unterrühren, dann das Mehl daraufsieben und mit dem Teigspatel unterziehen. Nicht zu lange rühren, sonst wird der Teig zäh und geht beim Backen nicht so schön auf.

3 Die Kirschen unter den Teig mischen und diesen in die Form gießen. Den Auflauf in den heißen Ofen schieben (Mitte) und ca. 30 Min. backen, bis die Oberfläche leicht gebräunt ist. Aus dem Ofen nehmen.

4 Den Clafoutis in der Mitte teilen und mit einem spitzen Messer vom Rand lösen. Jede Portion mit dem Pfannenwender auf einen Teller heben und den übrigen Puderzucker (½ EL) darübersieben.

GUT ZU WISSEN

Für den französischen Klassiker nimmt man feste Süßkirschen mit Stein. Man muss zwar beim Essen auf die Kirschkerne achten, sie verleihen dem Clafoutis aber ein zartes Bittermandelaroma.

VARIANTEN

Für einen **Aprikosen-Clafoutis** 250 g reife Aprikosen (am besten Marillen aus der Wachau oder kleine Zuckeraprikosen aus der Türkei) waschen, längs halbieren und entsteinen.

Für einen **Zwetschgen-Clafoutis** 250 g reife Zwetschgen (keine Pflaumen, die sind zu weich und das Fruchtfleisch löst sich nicht gut vom Stein!) waschen, längs halbieren und entsteinen. Die Früchte statt der Kirschen unter den Teig mischen und, wie beschrieben, backen.

Überbackene Schollenfilets auf Blattspinat

TAG 28
FREITAG

1 Std. Zubereitung
Pro Portion ca. 650 kcal, 41 g EW, 52 g F, 4 g KH

Für 2 Personen
1 kleine Bio-Zitrone
je ½ Bund Estragon und Petersilie
4 EL Mandelstifte
80 g weiche Butter
Salz, frisch gemahlener Pfeffer
800 g frischer Babyspinat
1 Knoblauchzehe
4 Schollenfilets (je ca. 80 g)
frisch geriebene Muskatnuss
Außerdem
ofenfeste Form
Butter für die Form

1 Die Zitrone heiß waschen, abtrocknen und ½ TL Schale abreiben (siehe Spickzettel). Die Kräuter waschen und trocken schütteln, die Blätter abzupfen. Kräuter und Zitronenschale mit den Mandeln grob hacken und mit 60 g Butter verkneten. Mit Salz und Pfeffer abschmecken.

2 Den Spinat waschen und verlesen, d. h. unschöne Blätter entfernen. Tropfnass in einen Topf geben, ½ TL Salz daraufstreuen. Den Knoblauch schälen, längs halbieren und dazugeben. Zugedeckt erhitzen und den Spinat in ca. 5 Min. zusammenfallen lassen, gelegentlich umrühren. Den Topf beiseitestellen.

3 Den Backofen auf 160° (Umluft 140°) vorheizen. Eine ofenfeste Form mit Butter ausstreichen. Die Fischfilets kalt abwaschen und mit Küchenpapier trocken tupfen. Die Fischfilets in die Form legen und die Kräuter-Mandel-Butter in Stückchen darauf verteilen. Die Form 10–12 Min. in den Ofen schieben (Mitte).

4 Inzwischen den Spinat in ein Sieb abgießen, den Knoblauch entfernen. Den Spinat gut ausdrücken. Die übrige Butter (20 g) in einer Pfanne zerlassen, den Spinat darin 2–3 Min. schwenken, mit Salz, Pfeffer und Muskatnuss abschmecken. Den Spinat auf zwei vorgewärmte Teller geben. Je 2 Schollenfilets mit einem Pfannenwender vorsichtig aus der Form heben und daraufsetzen.

BEILAGENTIPP

Für feinen **Safranreis** 120 g Langkornreis mit 240 ml Wasser und ¼ TL Salz in einem Topf verrühren, aufkochen und zugedeckt bei kleiner Hitze in 10 Min. garen. 1 Döschen Safranfäden (0,1 g) in einer Tasse mit 2 EL heißem Wasser verrühren. Mit 1 TL Butter unter den Reis rühren und diesen in weiteren 5–8 Min. bei kleiner Hitze zugedeckt ausquellen lassen.

GUT ZU WISSEN

Babyspinat muss nur gewaschen und verlesen werden, großblättriger Freilandspinat zusätzlich von den harten Stielen befreit werden. Das macht viel Arbeit. Wer keine Lust dazu hat, lässt 225 g TK-Blattspinat rechtzeitig auftauen und bereitet diesen wie in Schritt 4 beschrieben zu.

FISCHFILETS ÜBERBACKEN – SO GEHT'S GANZ LEICHT

→ Wie Sie frische bzw. tiefgekühlte Fischfilets vorbereiten, lesen Sie bitte am besten noch einmal auf Seite 32 nach.

→ Schollenfilets sind ebenso wie Seezungenfilets ganz zart und dünn und deshalb im Nu durch; sie brauchen kaum mehr als 10 Min. Also gut aufpassen, damit die feinen Filets nicht zerfallen! Rotbarsch-, Seelachs- oder Goldbarschfilets sind robuster und können 18–20 Min. im Ofen bleiben.

Ein Grundrezept für vielerlei Varianten. Der Teig kann ganz nach Geschmack belegt werden

Zucchini-Tomaten-Quiche

1 Std. Zubereitung | 45 Min. Backen
Pro Portion ca. 680 kcal, 22 g EW, 46 g F, 45 g KH

Für 4 Personen (8 Stücke)

Für den Teig
220 g Mehl
1 Ei (Größe M)
1 Eigelb (Größe M)
½ TL Salz
100 g kalte Butter

Für den Belag
600 g kleine Zucchini
Salz
6–8 Kirschtomaten
2 Eier (Größe M)
100 g Crème fraîche
frisch gemahlener Pfeffer

100 g geriebener Gratinkäse
(aus der Kühltheke)
Außerdem
Frischhaltefolie
Springform mit 28 cm Ø
Butter für die Form
Mehl für Form und Arbeitsfläche

1 Das Mehl auf die Arbeitsfläche sieben und in die Mitte eine Mulde drücken. Das Ei, das Eigelb und das Salz hineingeben. Die Butter klein würfeln, dazugeben und alles zu einem glatten Teig verkneten. In Frischhaltefolie wickeln und ca. 30 Min. im Kühlschrank ruhen lassen.

2 Inzwischen für den Belag die Zucchini waschen und ohne Stielansätze in dünne Scheiben hobeln. In einem großen Topf 2 l Wasser aufkochen, 2 EL Salz (kein Fehler, das Wasser muss richtig salzig sein!) hinzufügen und die Zucchini darin 3 Min. sprudelnd kochen lassen. In ein Sieb abgießen und abtropfen lassen. Zum Abkühlen und Abtropfen auf einem sauberen Küchentuch ausbreiten. Die Kirschtomaten waschen und nach Wunsch die Stielansätze herausschneiden.

3 Die Eier und die Crème fraîche in einem Rührbecher mit dem Schneebesen verquirlen und mit je 1 kräftigen Prise Salz und Pfeffer würzen.

4 Den Backofen auf 180° (Umluft 160°) vorheizen. Die Springform mit der Butter ausstreichen und mit Mehl bestäuben **(1)**. Den Teig mit der Teigrolle auf der bemehlten Arbeitsfläche etwas größer als die Form ausrollen, in die Form legen und einen ca. 2 cm hohen Rand formen. Den Teigboden mehrfach mit einer Gabel einstechen **(2)**, damit er beim Backen gleichmäßig aufgeht. Die Hälfte des Käses daraufstreuen, die Zucchini und die Kirschtomaten darauf verteilen.

5 Die Eiermischung gleichmäßig über die Zucchini und die Tomaten gießen, sodass alle befeuchtet sind **(3)**. Den übrigen Käse darüberstreuen und die Quiche für ca. 45 Min. in den heißen Ofen (Mitte) schieben, bis die Oberfläche schön gebräunt ist. Dann herausnehmen und 5 Min. ruhen lassen. Den Rand der Springform lösen und die Quiche in acht Stücke schneiden. Je zwei Stücke auf einem Teller anrichten.

Apfel-Tiramisu

25 Min. Zubereitung | 2 Std. Kühlen
Pro Portion ca. 625 kcal, 6 g EW, 40 g F, 47 g KH

Für 4 Personen

350 ml	trockener Weißwein
1	Vanilleschote oder 1 Päckchen Vanillezucker
1	Zimtstange
500 g	säuerliche Äpfel (z. B. Braeburn)
100 g	Sahne
250 g	Mascarpone
2 EL	Puderzucker
1 EL	Zimtpulver
120 g	Löffelbiskuits

Außerdem
1 rechteckige Form
(ca. 15 x 20 cm)

1 Den Wein in einen Topf gießen. Die Vanilleschote mit einem spitzen Messer längs aufschneiden und im Ganzen mit der Zimtstange in den Wein geben. Oder den Vanillezucker dazugeben. Die Äpfel vierteln, schälen und das Kerngehäuse entfernen. Die Viertel in Spalten schneiden und in den Wein geben. Zugedeckt 5–8 Min. bei mittlerer Hitze kochen lassen, bis die Äpfel weich sind. Abkühlen lassen.

2 Die Sahne mit dem Handrührgerät steif schlagen (siehe Spickzettel). Den Mascarpone in einer Schüssel mit dem Puderzucker und ½ EL Zimtpulver verrühren, die geschlagene Sahne mit dem Teigspatel unterheben. Die Weißweinäpfel in ein Sieb abgießen, den Weinsud dabei auffangen. Vanilleschote und Zimtstange entfernen.

3 Die rechteckige Form mit etwas Mascarponecreme ausstreichen, Löffelbiskuits dicht an dicht einlegen (wenn sie nicht passen, einfach in Stücke brechen). 6 EL Weinsud darüberträufeln und die Hälfte der Weißweinäpfel darauf verteilen. Die Hälfte der Mascarponecreme darübergeben und glatt streichen. Wieder Biskuits einlegen, mit Weinsud tränken, Äpfel einfüllen und mit der Mascarponecreme abschließen. Das Dessert mit Frischhaltefolie abdecken und mind. 2 Std. kalt stellen.

4 Vor dem Essen das übrige Zimtpulver (½ EL) in ein kleines Sieb geben und das Apfel-Tiramisu damit bestäuben. Mit einem spitzen Messer in vier Stücke teilen und diese mithilfe eines Pfannenwenders auf Dessertteller heben.

VARIANTE

Für ein **klassisches Tiramisu** 150 ml starken Espresso kochen und in einer flachen Schale mit je 4 EL Mandellikör und italienischem Weinbrand mischen. 100 g Sahne steif schlagen. 2 sehr frische Eigelb mit 2 EL Puderzucker 3 Min. mit dem Handrührgerät cremig aufschlagen. Den Mascarpone unterrühren und die Sahne mit dem Teigspatel unterheben. Etwas Creme in der Form verstreichen. Die Löffelbiskuits jeweils 2 Sek. in die Espressomischung tauchen und dicht nebeneinander in die Form legen. Die Hälfte der Mascarponecreme daraufgeben und glatt streichen. Noch eine Lage getränkte Biskuits einlegen (insgesamt ca. 120 g) und mit der übrigen Creme bedecken. Zugedeckt mind. 2 Std. kalt stellen. Vor dem Servieren 1 EL Kakaopulver darübersieben.

Die passende Vorspeise für das Abschlussmenü, jetzt haben Sie Grund zu feiern!

Caesar Salad

30 Min. Zubereitung
Pro Portion ca. 490 kcal, 12 g EW, 46 g F, 8 g KH

Für 4 Personen

- 2 Scheiben altbackenes Toastbrot
- 1 Knoblauchzehe
- 10 EL Olivenöl
- 2 sehr frische Eigelb (Größe M)
- 2 EL Zitronensaft
- 2–3 Spritzer Worcestersauce (nach Belieben)
- Salz, frisch gemahlener Pfeffer
- 1 kleiner Romanasalat
- 2 Tomaten
- 1 kleine reife Avocado
- 8 Sardellen (in Öl)
- 1 Stück Parmesan (ca. 30 g)

1 Vom Toastbrot die Rinde abschneiden und die Scheiben in kleine Würfel schneiden. Die Knoblauchzehe schälen und mit dem Messerrücken zerdrücken. 2 EL Olivenöl in einer großen Pfanne erwärmen, Brotwürfel und Knoblauch dazugeben und in 5–6 Min. unter regelmäßigem Rütteln der Pfanne zu goldbraunen Croûtons braten. Beiseitestellen.

2 Für das Dressing die Eigelbe mit dem Zitronensaft in einen hohen Becher geben und mit dem Pürierstab 3 Min. schaumig aufschlagen. Das übrige Öl (8 EL) erst tröpfchen-, dann esslöffelweise untermixen, bis eine cremige Emulsion entsteht. Mit Worcestersauce nach Belieben und mit Salz und Pfeffer würzig abschmecken.

3 Den Salat waschen, in mundgerechte Stücke zupfen und in einem Sieb abtropfen lassen. Die Tomaten waschen, achteln und dabei die Stielansätze entfernen. Die Avocado der Länge nach rundherum bis zum Kern einschneiden, die Hälften gegeneinanderdrehen und so voneinander lösen. Den Stein entfernen. Das Avocado-Fruchtfleisch mit einem Löffel aus den Schalen lösen und klein würfeln. Die Sardellen abtropfen lassen und klein schneiden.

4 Den Romanasalat in einer Schüssel mit Tomaten, Avocadostückchen, Sardellen und dem Dressing mischen und auf vier Schüsseln verteilen. Die Croûtons darüberstreuen und den Parmesan mit dem Sparschäler darüberhobeln.

ZEITPLAN FÜR DAS ABSCHLUSSMENÜ

Wer das ganze Menü machen möchte, geht am besten so vor:
1 Am Vortag die Kartoffeln kochen und abkühlen lassen. **2** 2 Std. vor Ankunft der Gäste Croûtons und Dressing für den Salat vorbereiten. **3** Teig für die Schokoküchlein vorbereiten, in die Förmchen füllen und kühl stellen. **4** Bohnen kochen, Kartoffeln pellen. **5** 1 Std. vor Ankunft der Gäste Roastbeef anbraten und den Saucenfond ansetzen. **6** Gäste begrüßen, Aperitif reichen. **7** Salat zubereiten und servieren. **8** 20 Min. vor Ende der Roastbeef-Garzeit Speckböhnchen und Bratkartoffeln zubereiten. **9** Sauce fertigstellen, Roastbeef in Scheiben schneiden. **10** Hauptgang servieren. **11** Saucen fürs Dessert zubereiten, Schokoküchlein backen.

Roastbeef mit Thymian-Rotwein-Sauce

1 Std. Zubereitung | 2 Std. Garen
Pro Portion ca. 615 kcal, 58 g EW, 27 g F, 8 g KH

Für 4 Personen

Für das Roastbeef
1 kg Roastbeef (mit dünner Fettschicht)
Salz
1 TL mittelscharfer Senf
3 EL neutrales Öl
1 Zwiebel
1 Möhre

1 Stück Knollensellerie
2 Knoblauchzehen
1 Bund frischer Thymian
500 g Rinderknochen
1 TL Tomatenmark
¾ l trockener Rotwein
1 Lorbeerblatt

1 Gewürznelke
40 g eiskalte Butter
frisch gemahlener Pfeffer
Außerdem
flache ofenfeste Form aus Porzellan
   oder Keramik

1 Den Backofen auf 80° (Ober- und Unterhitze) vorheizen, die Form auf das Backofengitter stellen (Mitte). Das Roastbeef mit Küchenpapier trocken tupfen, salzen und mit dem Senf einreiben. Einen Bräter erhitzen, 2 EL Öl hineingeben und das Roastbeef darin von allen Seiten, auch an den Enden, 7–8 Min. bei mittlerer Hitze anbraten **(1).** In die Form legen und im heißen Ofen ca. 2 Std. garen.

2 Inzwischen die Zwiebel schälen und grob hacken (siehe Spickzettel). Möhre und Sellerie waschen, putzen und grob würfeln. Den Knoblauch ungeschält zerdrücken. Den Thymian waschen und trocken schütteln. Den Bräter wieder erhitzen und das übrige Öl (1 EL) hineingeben. Die Knochen darin bei großer Hitze in 8–10 Min. unter Rühren braun anbraten. Zwiebel, Gemüse, Knoblauch und Tomatenmark dazugeben und 2–3 Min. mitbraten **(2).** Den Rotwein dazugießen, die Hälfte der Thymianzweige, Lorbeerblatt und Gewürznelke hinzufügen, einmal aufkochen und bei kleiner Hitze offen 1 ½ Std. kochen lassen.

3 Wer ein Fleischthermometer hat, bringt es jetzt zum Einsatz: nach 1 ½ Std. in die Mitte des Roastbeefs stecken und abwarten, bis die gewünschte Kerntemperatur erreicht ist: Bei einer Kerntemperatur von 50° ist das Roastbeef noch blutig, bei 55–60° ist es medium **(3)**, also durch und durch rosa, bei 70° ist es durchgebraten mit einem zartrosa Kern.

4 Die Butter klein würfeln und ins Tiefkühlfach geben. Die Blättchen von den übrigen Thymianzweigen streifen und fein hacken. Den Rotweinfond durch ein feines Sieb in einen Topf gießen, Knochen und Gemüse wegwerfen. Den Fond aufkochen und den gehackten Thymian hinzufügen. Die eiskalte Butter mit dem Schneebesen einrühren, die Sauce jetzt nicht mehr kochen lassen. Mit Salz und Pfeffer abschmecken.

5 Das Rostbeef quer zur Faser in Scheiben schneiden und mit der Sauce auf vorgewärmten Tellern anrichten. Als Beilage gibt es Speckböhnchen und Bratkartoffeln (siehe nächste Seite).

TAG 30
SONNTAG

Klassische Beilagen zum Roastbeef, die auch solo kleine Delikatessen sind

Speckböhnchen und Bratkartoffeln

40 Min. Zubereitung (+ 25 Min. Garzeit am Vortag)
Pro Portion ca. 245 kcal, 9 g EW, 8 g F, 32 g KH

Für 4 Personen

Für die Bohnen
400 g grüne Bohnen (am besten zarte Kenia-Böhnchen)
Salz
50 g durchwachsener Räucherspeck (ohne Schwarte)
2 Schalotten
1 EL Butter
frisch gemahlener Pfeffer

Für die Bratkartoffeln
800 g gegarte Pellkartoffeln
2 EL Butterschmalz
Salz

Außerdem
Eiswürfel

1 Die Bohnen waschen, eventuell entfädeln, d. h. die Spitzen mit einem kleinen Messer abschneiden und dabei die Nähte, die die Schotenhälften zusammenhalten, von harten Fasern befreien. Eine Schüssel mit kaltem Wasser füllen und ein paar Eiswürfel hineingeben.

2 In einem Topf 1 l Wasser aufkochen lassen, 1 TL Salz hinzufügen und die Bohnen darin in 5–6 Min. bissfest kochen. In ein Sieb abgießen und sofort für 1–2 Min. in das Eiswasser geben. Dadurch bleiben die Bohnen schön hellgrün (andernfalls werden sie moosgrün). Bohnen in das Sieb abgießen und abtropfen lassen. Den Speck fein würfeln. Die Schalotten schälen und ebenfalls fein würfeln (siehe Spickzettel). Die Bohnen in ca. 4 cm lange Stücke schneiden.

3 Die Kartoffeln pellen und in ca. 4 mm dicke Scheiben schneiden. Eine große oder zwei kleinere Pfannen auf mittlere Stufe erhitzen und das Butterschmalz darin zerlassen. Die Kartoffelscheiben so in der Pfanne verteilen, dass alle den Boden berühren. Die Kartoffelscheiben in 3–4 Min. goldbraun braten. Wenden und auf der anderen Seite in 3–4 Min. fertig braten. Leicht salzen.

4 Währenddessen für die Bohnen in einem Topf die Butter zerlassen. Speck und Schalotten darin 1 Min. bei mittlerer Hitze anbraten. Die Bohnen dazugeben und bei kleiner Hitze in 3–4 Min. erwärmen. Mit Pfeffer abschmecken. Bratkartoffeln und Speckböhnchen mit Roastbeef und Sauce auf vorgewärmten Tellern anrichten.

TIPP

Am besten vor der Zubereitung noch mal einen Blick auf den Zeitplan (Seite 146) werfen.

Warme Schokoküchlein

25 Min. Zubereitung | 15 Min. Backen
Pro Portion ca. 450 kcal, 7 g EW, 31 g F, 36 g KH

Für 4 Personen

100 g Zartbitterschokolade	1 reife Mango
(mind. 70 % Kakaogehalt)	125 g Himbeeren
75 g weiche Butter	**Außerdem**
50 g + 1 TL Puderzucker	4 ofenfeste Förmchen
Salz	(ca. 100 ml Inhalt)
2 Eier (Größe M)	Butter und Mehl für die Förmchen
2 EL Mehl	Puderzucker zum Bestäuben

1 Den Backofen auf 160° (Umluft 140°) vorheizen. Die Förmchen mit etwas Butter ausstreichen und dünn mit Mehl ausstäuben. Die Schokolade in Stücke brechen und im heißen Wasserbad schmelzen (siehe Seite 82).

2 Die weiche Butter, 50 g Puderzucker und 1 kleine Prise Salz in eine Rührschüssel geben und mit dem Handrührgerät 2–3 Min. schaumig rühren. Die Eier nacheinander hinzufügen und unterschlagen. Die geschmolzene Schokolade unterrühren **(1)**. Das Mehl daraufsieben **(2)** und mit einem Teigspatel unterziehen. Den Teig auf die Förmchen verteilen und die Küchlein ca. 12 Min. im Ofen (Mitte) backen.

3 Inzwischen die Mango schälen, das Fruchtfleisch vom Stein schneiden (siehe Seite 130) und in einem hohen Rührbecher mit dem Pürierstab pürieren. Die Himbeeren waschen und auf Küchenpapier abtropfen lassen. Mit 1 TL Puderzucker pürieren und durch ein feines Sieb streichen, um die Kerne zu entfernen.

4 Die Schokoküchlein aus dem Ofen holen, aus den Förmchen stürzen **(3)** und mit Mango- und Himbeersauce auf Desserttellern anrichten. Mit Puderzucker bestäubt sofort servieren, damit der Kern der Küchlein noch heiß ist.

Checkliste No. 3

WAS HAB ICH BISHER GEKOCHT,

WAS KANN ICH SCHON,

WAS MACH ICH LIEBER SPÄTER MAL …?

☐ Fisch panieren und backen

☐ Remoulade zubereiten

☐ Schnitzel panieren und backen

☐ Kartoffel-Gurken-Salat machen

☐ Frühlingsmenü zubereiten

☐ Sommermenü zubereiten

☐ Herbstmenü zubereiten

☐ Wintermenü zubereiten

☐ Gemüse im Teig ausbacken

☐ Indisches Hähnchen-Curry kochen

☐ Mangocreme zubereiten

☐ Spätzle frisch zubereiten

☐ Forelle in der Folie garen

☐ Ratatouille mit Lamm zubereiten

☐ Süßen Auflauf backen

☐ Fischfilets überbacken

☐ Quiche backen

☐ Apfel-Tiramisu machen

☐ Abschlussmenü zaubern

Rezept- und Sachregister

Damit Sie Rezepte mit bestimmten Zutaten noch schneller finden können, stehen in diesem Register zusätzlich auch beliebte Zutaten wie **Eier** oder **Kartoffeln** – ebenfalls alphabetisch geordnet und **hervorgehoben** – über den entsprechenden Rezepten. Grundrezepte, Know-how und Extra-Infos haben wir *kursiv* hervorgehoben.

Appetit auf mehr?

Basic cooking

Alles, was man braucht, um schnell gut zu kochen

Sabine Sälzer · Sebastian Dickhaut

ISBN 978-3-7742-1142-1

Basic baking

Alles, was man braucht, um einfach gut zu backen

Cornelia Schinharl · Sebastian Dickhaut

ISBN 978-3-7742-1642-6

Italian Basics

Alles, was man braucht für das dolce vita zu Hause

Cornelia Schinharl · Sebastian Dickhaut

ISBN 978-3-7742-2005-8

BBQ Basics

Alles, was man braucht, um die mit schnell zu entfachen aufs Grillen

Cornelia Schinharl · Sebastian Dickhaut

ISBN 978-3-8338-2162-2

MARTINA KITTLER

CRASHKURS KOCHEN

SUPERSCHNELLER ERFOLG FÜR EINSTEIGER

ISBN 978-3-8338-1381-8

CORNELIA SCHINHARL

CRASHKURS VEGETARISCH

SUPERSCHNELLER ERFOLG FÜR EINSTEIGER

ISBN 978-3-8338-1890-5

www.gu.de: Blättern Sie in unseren Büchern, entdecken Sie wertvolle Hintergrundinformationen sowie unsere Neuerscheinungen.

Willkommen im Leben.

Impressum

Die Autorin

Margit Proebst studierte Kunstgeschichte und Philosophie, daneben betrieb sie über viele Jahre einen kleinen Catering-Service. Seit 1999 arbeitet sie als Kochbuchautorin und Foodstylistin in München. In ihrem Freundeskreis werden gerade die Kinder flügge und ziehen aus – das brachte sie auf die Idee für dieses Buch. »Schritt für Schritt ans Ziel« war die Devise bei diesem Kochkurs für junge Leute, bei dem sich einfache Alltagsgerichte mit Raffiniertem für Gäste und Feste abwechseln. Schnelle Erfolge machen dabei Mut und Lust weiterzumachen, die wichtigsten Kochtechniken lernen die Küchenneulinge wie nebenbei.

Die Fotografinnen

Ulrike Schmid und **Sabine Mader** arbeiten seit Jahren als Team in ihrem Foodstudio **Fotos mit Geschmack** für renommierte Verlage und Agenturen. Sie leben mit ihren Familien im Fünf-Seen-Land zwischen Starnberger See und Ammersee und fotografieren am liebsten da, wo Licht und Stimmung am schönsten sind.
Sie bedanken sich bei Margit Proebst für das Foodstyling.
Ebenfalls vielen Dank an die Firmen Riess Emaille, Arzberg Porzellan, Walküre Porzellan und Windmühlenmesser für die Requisiten.

Icons S. 6/7: Shutterstock
Illustration Kühlschrank S. 9:
Tobias Wandres/Die Illustratoren

Umwelthinweis

Diese Buch ist auf PEFC-zertifiziertem Papier aus nachhaltiger Waldwirtschaft gedruckt.

© GRÄFE UND UNZER VERLAG GmbH, München

Alle Rechte vorbehalten. Nachdruck, auch auszugsweise, sowie die Verbreitung durch Film, Funk, Fernsehen und Internet, durch fotomechanische Wiedergabe, Tonträger und Datenverarbeitungssysteme jeglicher Art nur mit schriftlicher Genehmigung des Verlages.

Projektleitung: Sabine Sälzer
Redaktionsassistenz:
Melanie Haizmann, Viktoria Hübner
Lektorat: Katharina Lisson
Korrektorat: Mischa Gallé
Innenlayout, Typographie und
Umschlaggestaltung:
independent Medien-Design,
Horst Moser, München
Satz: Bernd Walser, Buchproduktion, München
Herstellung: Christine Mahnecke
Repro: Longo AG, Bozen
Druck: Druckhaus Kaufmann
Bindung: Conzella, Pfarrkirchen

Syndication: www.jalag-syndication.de

ISBN 978-3-8338-2520-0

1. Auflage 2012

GRÄFE UND UNZER

Ein Unternehmen der
GANSKE VERLAGSGRUPPE

Unsere Garantie

Alle Informationen in diesem Ratgeber sind sorgfältig und gewissenhaft geprüft. Sollte dennoch einmal ein Fehler enthalten sein, schicken Sie uns das Buch mit dem entsprechenden Hinweis an unseren Leserservice zurück. Wir tauschen Ihnen den GU-Ratgeber gegen einen anderen zum gleichen oder ähnlichen Thema um.

Liebe Leserin und lieber Leser,

wir freuen uns, dass Sie sich für ein GU-Buch entschieden haben. Mit Ihrem Kauf setzen Sie auf die Qualität, Kompetenz und Aktualität unserer Ratgeber. Dafür sagen wir Danke! Wir wollen als führender Ratgeberverlag noch besser werden. Daher ist uns Ihre Meinung wichtig. Bitte senden Sie uns Ihre Anregungen, Ihre Kritik oder Ihr Lob zu unseren Büchern. Haben Sie Fragen oder benötigen Sie weiteren Rat zum Thema? Wir freuen uns auf Ihre Nachricht!

Wir sind für Sie da!
Montag–Donnerstag:
8.00–18.00 Uhr;
Freitag: 8.00–16.00 Uhr
Tel.: 0180-5005054*
Fax: 0180-5012054*
E-Mail:
leserservice@graefe-und-unzer.de

*(0,14 €/Min. aus dem dt. Festnetz/ Mobilfunkpreise maximal 0,42 €/Min.)

P.S.: Wollen Sie noch mehr Aktuelles von GU wissen, dann abonnieren Sie doch unseren kostenlosen GU-Online-Newsletter und/oder unsere kostenlosen Kundenmagazine.

GRÄFE UND UNZER VERLAG
Leserservice
Postfach 86 03 13
81630 München